Jean Randier

MARITIME ANTIQUITÄTEN

Delius Klasing Verlag

Titel der französischen Originalausgabe
L'OBJET DE MARINE
© Copyright Gallimard, Paris 1992

Die Deutsche Bibliothek – CIP-Einheitsaufnahme
Maritime Antiquitäten / Jean Randier. [Dt. Übers. : Jürgen Hassel].
– 1. Aufl. – Bielefeld: Delius Klasing, 1993
Einheitssacht.: L'objet de marine <dt.>
ISBN 3-7688-0810-6
NE: Randier, Jean; Hassel, Jürgen [Übers.]; EST

1. Auflage
ISBN 3-7688-0810-6
Die Rechte für die deutsche Ausgabe liegen beim
Verlag Delius, Klasing & Co., Bielefeld
Schutzumschlaggestaltung: Buchholz/Hinsch/Hensinger, Hamburg
Fotos: Patrick Leger
Gestaltung: Elisabeth Cohat
Deutsche Übersetzung: Dr. Jürgen Hassel
Satz: Typografika, Bielefeld
Druck und Bucheinband: Casterman Printers
Printed in Belgium 1993

MARITIME ANTIQUITÄTEN

Inhalt

Vorwort   9
Bussolen und Kompasse   10
Schlepplog und Pinnkompass   18
Kurs, Fahr und Grund   20
Armillarsphären und Globen   22
Erste Instrumente der astronomischen Navigation   24
In der Spur der Karten   26
Oktanten und Sextanten   28
Sextanten und Vollkreis-Oktanten   30
Teleskope und Fernrohre   32
Wettervorhersage   34
Sonnenuhren   36
Die Sanduhren   38
Zeitmessung auf See   40
Die Seekarten   44
Auf Hauen und Stechen   46
Pistolen der Marine   48
Das schwarze Pulver   50
Die Uniform   52
Seekisten, Seesäcke und was darin ist   55
Die Seekisten   58
Die Medizin an Bord   60
Segelmacher und Takler   62
Kalfaterer und Schiffszimmerleute   64
Beschläge   66
Lampen und Laternen   68
Baljen, Tonnen, Tanks   70
Truhen und andere Schmiedearbeiten   72
Schiffsglocken und Nebelhörner   74
Kupfer und Messing   76
Fischereigeräte   78
Ruderpinnen und Steuerräder   80
Der Schiffsschmuck   82
Galionsfiguren   84
Schiffsmobiliar   86

Auf Paketbooten und Passagierschiffen   88
Silber und anderes Geschirr   90
Schiffsmodelle   92
Die Halbmodelle der Werften   94
Dioramen mit Halbmodellen   96
Dioramen mit Vollmodellen   98
Reedereimodelle   100
Elfenbeinmodelle   102
Kleine Modelle   104
Flaschenschiffe   106
Mechanisches Kinderspielzeug   109
Modellyachten   113
Modellmaschinen   118
Matrosenarbeiten   120
Knochen und Elfenbein: Scrimshaws   123
Intarsien aus Holz und Stroh   129
Souvenirs der Matrosen   130
Souvenirs von der Waterkant   132
Maritime Dekors   137
Votivbilder   140
Hinterglasmalerei   142
Wolle, Seide und Chiffon   144
Maritime Plakate   146
Das goldene Zeitalter der Passagierschiffe   148
Auf Fahrgastschiffen über die sieben Meere   150
Reklame   152
Vignetten und Stempel   154
Nautische Philatelie   156
Maritime Bibliophilie   158
Marinemalerei   161
Genreszenen   162
Kapitänsbilder   164

VORWORT

Gipfel, dunkel und einsam,
Eisige Länder, von Schnee bedeckt,
Draußen die Dünung. Enorm. Meergrün.
Angetrieben von der Furie
Des Westwinds.

Das ist Südgeorgien. Auf 54° südlicher Breite und 39° westlich vom Meridian von Paris. Im Jahre 1909 wagte sich Shackleton hier auf seine Expedition. Ein Historiker an Bord schreibt in sein Tagebuch:

„Das war ein Schiffsfriedhof voll elenden Strandguts, Masten und Stengen, Rahen und Planken, Schiffsgerippen und Skeletten braver Seeleute. Eine Laune der östlichen Strömung hatte alle diese Trümmer an einer einzigen Stelle zusammengekehrt, trauriges Zeugnis vergänglichen menschlichen Strebens tapferer Seeleute, besiegt von der erbarmungslosen See. In dem vollständigen Durcheinander erkannte man wunderbar geschnitzte Galionsfiguren, Betinge und Poller, noch mit ihren Lederkappen bedeckt, Treppengeländer, mit geflochtenem, bemaltem Tuch bekleidet und mit einem Türkenkopf beschlossen, kenntnisreiche Arbeit eines unbekannten Bootsmanns. Dann gab es Kajüttüren, zerbrochene Bullaugen, teakhölzerne Niedergangstreppen, Kompaßsäulen und Ruder. All dies hatte der mächtig heulende südliche Ozean, müde seines Spiels, an dieser Stelle herablassend zum Verrotten abgelagert, traurige Überreste der mächtigen und prachtvollen Schiffe mit ihren gigantischen Masten, feiner Klipper, Dreimastbarken und Vollschiffe und vielleicht der Schiffe der Ostindischen Compagnie."

Ist alles immer noch dort? Wer weiß. Strandgut, herumirrend in Gesellschaft des „Fliegenden Holländers", schließlich von der Dünung an Land geworfen und zerbrochen. Der Traum läßt sich wohl ködern von der Sackgasse in den Strömungen, wo Glanz und Elend im flackernden Schein so nah beieinander sichtbar werden. Doch die Flut hat alltägliche und ruhmvolle Dinge aus dem Leben auf der See auch an unsere Ufer geschwemmt, die vor der Zeit und der Unkenntnis der Menschen bewahrt wurden und auf ihre Rettung warten, um auf ihre Weise vom wahren Leben und der Arbeit der Menschen auf See zu erzählen.

Dieses Buch will ein Lotse für Liebhaber maritimer Erinnerungsstücke sein.

BUSSOLEN UND KOMPASSE

Trockenkompaß eines Fischerboots, kardanisch aufgehängt in seinem traditionellen Holzkästchen mit Schiebedeckel (19. Jh.). Diese preiswerten, robusten, aber leistungsfähigen Kompasse wurden und werden noch immer zu Tausenden hergestellt.

Eine Magnetnadel aus einfachen Eisen, in einen Strohhalm gesteckt, der in einer Schüssel (Bussole) voll Wasser schwamm – so stellt man sich den ersten Marinekompaß vor. Die Rose mit Magnetnadel selbst stammt aus dem 13. Jahrhundert. Dann kamen die kardanische Aufhängung, der Fluidkompaß mit Magnetstäben und Schwimmkörper, schließlich die Kompaß-Säule mit Kompensiervorrichtung. Der Weg von der Bussole zum modernen Kompaß beschreibt das Abenteuer der Navigation, und der Kompaß ist das Symbol diese Abenteuers.

Mit dem aufklappbaren Diopter konnte man einen Punkt an Land anpeilen, aber, dank eines kleinen Spiegels, auch das Sonnenazimut messen und damit die Deviation des Steuerkompasses feststellen.

B ussole ist die altertümliche Bezeichnung für den Kompaß. Gemeint war damit die in einer Kapsel (bussola) verwahrte Magnetnadel.

Kompaßhaus des ▲ amerikanischen Klippers „N.B. PALMER" ca. 1875, hergestellt von T.S. Negus in New York. Die Rudergänger sagten dem Seemann aus Holz den bösen Blick nach, und so wurde er schließlich entfernt und durch ein klassisches Kompaßhaus ersetzt.

Nachthaus eines englischen Steuerkompasses (Ende 19. Jh.) mit Petroleumleuchten für die Nacht.

In ihrer primitiven Form (18. Jh.) stand die Alhidade senkrecht auf dem mit Gradeinteilung versehenen Kompaßring. Das Azimut ist am Schatten des Fadens zu erkennen.

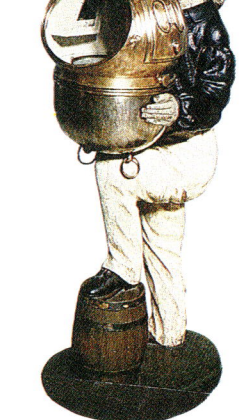

◄ Ein Yacht- oder Bootskompaß ohne Kompensiereinrichtung. War Kompensieren nötig, geschah dies mit Hilfe eines kleinen Magneten, der auf die entsprechende Wand des Holzkästchens gesetzt wurde.

Ruderstand eines Mehr-
deckers, ca. 1830. Vor
dem Steuerrad erkennt
man zwei regulierbare
Kompasse in ihrem
Kompasshäuschen.
Ein Matrose notiert den
Kurs auf einem Pinn-
kompaß.

Auf der Magnetnadel wird
eine Scheibe aus sehr
leichtem Material befe-
stigt, die in 32 Strich ein-
geteilt ist. Im Kompaß-
kessel ist der Steuerstrich
angebracht, den der
Rudergänger mit dem
befohlenen auf der Kom-
paßrose in Übereinstim-
mung halten muß. Diese
Kompaß- oder Windrose
kennt schließlich jedes

Kind, das schon einmal
mit einem einfachen
Kompaß gespielt hat.
Auch die frühen Graveure
von Windrosen machten
nichts anderes. Sie spielten mit dem „compasso",
italienisch für Zirkel, was
schließlich dem Gerät
den Namen „Kompaß "
einbrachte. Doch die geo-
metrischen Zirkelformen
schmückten sie aus, wo-
von diese portugiesischen
Windrosen zeugen. Solche
Rosen findet man auch
auf alten Seekarten. In
einfacher Form sind sie
heute vor allem noch auf
englischen Seekarten vor-
handen, wo sie bei der
Arbeit mit dem Parallel-
lineal helfen.

11

Traditionell, handlich und zuverlässig ist der Kompaß der Dories der Neufundlandfischer. Der Seemann mußte ihm vertrauen können, wenn er im dort üblichen Nebel seinen Schoner, das Mutterschiff, wiederfinden wollte.

Kompensierbarer Bootskompaß der französischen Kriegsmarine des 2. Kaiserreichs, Marke Dumoulin-Froment Nr. 1535, mit Gradeinteilung auf dem Kompaßring. Auf den Bronzezapfen im Mittelpunkt des Kompaßglases konnte ein Peildiopter aufgesetzt werden. Dies ist ein Fluidkompaß mit magnetischem Kompaßring, der um 1860 erfunden wurde.

Das 19. Jahrhundert sah den Höhepunkt des Magnetkompasses. Mit der Heraufkunft der Eisenschiffe mußte die Deviation, die Ablenkung des Kompasses durch das Schiff selbst, beherrscht werden. Geniale Erfinder verfeinerten die Kompensiermethoden, so daß der Magnetkompaß bis heute zur Standardausrüstung gehört.

Großer Trockenkompaß für Segelschiffe, England, 19. Jh.

Eine chinesische Kompaßrose. Die Kunst des Rudergängers besteht darin, die Magnetnadel nicht wie bei uns in einem mit dem zu steuernden Kurs übereinstimmenden Winkel zu magnetisch Nord, sondern zu Süd zu halten. Uns erscheint das schwierig, aber die Chinesen kommen damit offensichtlich ebensogut zurecht wie mit dem Abakus. Der Rest der Rose ist mit esoterischen Symbolen übersät.

Solche Kronenkompasse hingen über der Koje des Kapitäns. Mit diesem über Kopf abzulesenden „Spion" konnte er die Kursfehler des Rudergängers ausspionieren. Das reich geschmückte Modell stammt von einem Linienschiff des 18. Jahrhunderts. ▼

Kleiner französischer Trockenkompaß (Ende 18. Jh.)

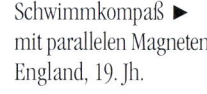

Schwimmkompaß ►
mit parallelen Magneten, England, 19. Jh.

Kompaßsäule aus Messing für Fluidkompaß, ca. 1900. Die festen Kompensationsmagnete – einer quer- und zwei längsschiffs – sitzen in der Kompaßsäule. Mit den hohlen Eisenkugeln wird die vom Kurs abhängige Restabweichung kompensiert; sie entsteht dadurch, daß das Schiff im Erdmagnetfeld selbst magnetisch wird. Hersteller Poitevin-Duault, Bordeaux.

◄ Die ganze Kompaßsäule aus Messing mit ihrer Kappe

DE LA CARTA DE JUAN DE LA COSA. 1500 ?

DE LAS CARTAS DE DIEGO GUTIERREZ. 1550 ?

DE LA CARTA DE RODRIGO ZAMORANO 1583 ?

Kompaßrosen von spanischen und portugiesischen Seekarten des 16. Jahrhunderts

Die Thompson-Kompaßsäule, benannt nach ihrem Erfinder, der später als Lord Kelvin geadelt wurde, kam um 1865 heraus. Sie wurde zum Urtyp der Träger für Schiffskompasse. Von Modell zu Modell veränderten sich nur Dekoration und Form.

Kurs und zurückgelegte Distanz sind die wesentlichen Elemente der Koppelnavigation.

Lange Zeit gab es nebeneinander Trocken- und Schwimm- oder Fluidkompasse, bis letztere sich durchsetzten. Böse Zungen behaupten, der Trockenkompaß sei entstanden, indem die alkoholische Flüssigkeit, in der die Rose schwimmt, ausgetrunken wurde.

Zum Schutz für die Kompensationsmagneten Lord Kelvins wurden elegante Kompaßsäulen aus Messing und lackiertem Holz vor den Rudergängern aufgestellt. Seitlich an den Hauben saßen fein geschmiedete Petroleum-Sturmlampen als Nachtbeleuchtung der Kompaßrose.

Der Steuerkompaß mit magnetisch bestückter Windrose ruhte in einem Messingkessel sicher in seinen beiden Kardanringen, so daß ihm das Rollen und Stampfen des Schiffes nichts ausmachte. Auf der Iridiumspitze seiner Pinne saß ein Hütchen aus Rubin, auf dem das Nord im magnetischen Feld der Erde frei einschwingen konnte, bis plötzlich...Schiffe aus Eisen vom Stapel liefen.

Alle Schiffe, besonders die aus Eisen, hatten ihren eigenen Magnetismus. Und der veränderte sich noch mit dem Kurs. Man mußte ihn erforschen und bekämpfen.

Letzter Fortschritt des Marinekompasses: Der ▶ Schwimmkörper trägt die Gradrose, so daß das Gewicht der Stabmagneten ausgeglichen wird. Je schwerer sie sind, um so stärker wirken sie. Der Schwimmkörper vermindert den Druck des Kompaßhütchens auf die Pinne. Ein Prismendiopter erlaubt sowohl Seiten- wie Gestirnspeilungen.

Hier ein Kompaß- ▶ gehäuse, das vor den Rudergänger an die Decksbalken des Ruderstandes geschraubt wurde. Dieses merkwürdige Gerät überträgt zum Vergleich mit dem Steuerkompaß den anliegenden Kurs des geregelten Normalkompasses, nach dem direkt gesteuert werden kann.

Ein neuer Beruf war geboren, der des Kompaß-Kompensierers. Pensionierte Kapitäne fanden darin eine passende Tätigkeit im Alter. Und die Kompaßhersteller boten Instrumente zum „problemlosen Kompensieren" an.

Heute ist der Magnetkompaß in der Großschiffahrt vom Kreiselkompaß verdrängt worden, und als Yachtkompaß ist er zur kompakten Form des Kugelkompasses weiterentwickelt worden. Nur auf Traditionssseglern findet man immer noch die schönen Kompaßhäuschen mit ihren lackierten Holzsäulen, den Kompensierkugeln aus Eisen und all dem polierten Messing.

Eine Lyra, deren tiefsitzender Zapfen in ein Lager gesetzt wird; eine Gradrose, kardanisch aufgehängt und von einem Gegengewicht horizontal gehalten; darauf ein Diopter, Okular und Objektiv-Draht, alles aus Messing: Das ist eine Peilscheibe für Peilungen seitlich zur Achse des Schiffes. Ein handwerklich besonders gelungenes Stück aus der großen Zeit des „Magnetismus", das auch heute noch so gebaut wird.

A P 189.
BINNACLE
6917 H N L 9
WEICHT 28 lbs

Segler können den Wind als „Kompaß" nutzen. Je nachdem, wie der Wind an seinen Ohren vorbeistreicht, weiß ein guter Rudergänger, ob er noch auf Kurs liegt. Am Wind hat er schließlich auch genug damit zu tun, den Stand der Segel zu beobachten. Und doch kann er den Kompaß jederzeit befragen; denn der Wind kann ja drehen.

Der Hängekompaß, über seiner Koje angebracht, machte es dem Kapitän möglich, heimlich die Träumereien des Rudergängers zu beobachten und seine Abweichungen vom richtigen Kurs zu überwachen. Die Matrosen nannten ihn deshalb „Spion". Er hing an einem Decksbalken der Hütte. Umgekehrt zum Steuer- oder Peilkompaß ist die Pinne hier am Glas der Kapsel befestigt. Das Kompaßhütchen sitzt im Zentrum einer Rose, die anders herum gelesen wird: Ost ist links und West rechts.

In allen großen Häfen der Welt gibt es Kompensierer für Magnetkompasse, die immer noch kompensiert werden müssen, auch wenn sie gegenüber den Kreiselkompassen längst an Bedeutung verloren haben. Früher leiteten meist ausgediente Schiffsoffiziere diese „hydrographischen" Dienste, die außerdem auch Ferngläser, Chronometer und Seekarten verkauften.

Fünf Jahrhunderte dauerte das Abenteuer des Trockenkompasses. Vom Gegenstand des Aberglaubens entwickelte er sich zum geadelten Gerät der Modernität.

▲ Als endlich Magneten entwickelt waren, die den Magnetismus lange genug hielten, ging es um Verbesserungen des Systems: Entweder starke, schwere Magneten, bei denen der Druck des Kompaßhütchens auf die Pinne Reibung erzeugte, oder leichte, an Seidenfäden aufgehängte Papierrosen. Für diese zerbrechlichen Rosen mußte an Bord natürlich Ersatz vorhanden sein.

◄ „Kalamität" nannte man solche Magnet- oder Richtungssteine, mit denen den schwach magnetischen Kompaßnadeln wieder Leben eingehaucht wurde. Sie waren Handwerkszeug des Navigators ebenso wie Seekarten und Geräte zum „Schießen" der Sonne.

Auf einem Dreifuß ein ▶ tragbarer Kompaß zum Peilen für Landpeilungen. Solche Kompasse waren meist nicht kompensierbar!

In den letzten Jahren des Trockenkompasses in der zweiten Hälfte des ▶ 19. Jahrhunderts erschienen zahlreiche Kompaßhäuschen für die unterschiedlichsten Zwecke. Ziemlich elegant und sehr funktionell waren zum Beispiel die Häuschen für die Bootskompasse der französischen Kriegsmarine. Aber selbstverständlich ärgerte man sich über die unvorhersehbaren und deshalb auch unkompensierbaren Abweichungen, die entstanden, wenn der Kompaß im magnetischen Feld des Bootes bewegt wurde.

◄ Eine aus Holz gedrechselte Kapsel, dünnes Papier mit aufgedruckter Windrose, deren hübsche Zeichnung das Stück Eisen fast vergessen ließ, das als Kompaßnadel diente und kaum „magnetischer" war als der Holzkessel, dessen Deckel das mit Wachs abgedichtete Glas schützen sollte: So sah ein Marinekompaß des 17. Jahrhunderts aus.

17

SCHLEPPLOG UND PINNKOMPASS

Das eine, das Schlepplog, dient zum Messen von Fahrt und Distanz, der andere, der Pinn- oder Steckkompaß, zum Festhalten von Kurs und Fahrt während der Wache. Der Pinnkompaß verlor seinen Sinn, als die Wachführer schreiben lernten und die Daten ins Logbuch eintrugen. Das Schlepplog wurde immer weiter verbessert. Doch nur mit viel Aufwand konnten die Hersteller die Marine, bekannt für Traditionalismus und Sparsamkeit, vom Nutzen ihrer Apparate überzeugen.

Dieses seltene Schlepplog besteht aus zwei Teilen, einer mit Stabilisatoren versehenen Loguhr mit angehängtem Impeller. Eine Gleithaube schützt die Zifferblätter. ▼

Die Kriegsmarine besaß sogenannte „wissenschaftliche" Pinnkompasse, die in Frankreich offiziell „Logtafel" („table de loch") hießen. Andere wurden vom Baas, dem Schiffszimmermann, mit Bordmitteln hergestellt. Links ist ein solcher Typ zu sehen. Halbstündlich wurde ein Pinn entsprechend dem Kurs in die Rose und stündlich entsprechend der geloggten Geschwindigkeit eine in das untere Brett gesteckt. Je nach Geschmack oder verfügbarem Material waren die Pinne aus Knochen, Blei oder Messing.

◀ Dies ist ein Walker-Schlepplog, typisch für Segelschiffe Ende des 19. Jhs. Die Loguhr ist im Impellerschaft integriert. Also mußte man ihn jede Stunde hoch ziehen, um die abgelaufene Distanz abzulesen. Die Zeiger drehen sich, sobald die Schraube des Impellers rotiert.

Ein wichtiges Mittel zum Regulieren der Rotationsgeschwindigkeit der Logleine, besonders in der Dünung, ist der Regulator der früher kurz hinter der Loguhr in die Logleine eingesetzt wurde. Er kann aus Eisen oder Bronze sein.

Dieser merkwürdige „Taschen"-Pinnkompaß ist höchstwahrscheinlich die Arbeit eines nautisch interessierten Rudergängers. Wie die großen hat er eine Windrose mit Lochkreisen zum Festhalten der gesteuerten Kurse und vier Lochreihen für die Fahrtgeschwin-◀ digkeit.

I m rauhen, korrosiven Milieu der See brauchte man Geräte mit einfacher Technik. So waren mechanische Schlepplogs selbst in der Großschiffahrt noch bis vor dreißig Jahren in Gebrauch, als schon lange neue Technologien entwickelt waren. Nur für Yachten werden heute noch Schlepplogs hergestellt.

Diese Loguhr der Firma Ben besitzt eine dritte Anzeige für 0-100 Meilen. In der Schiffahrt rechnet man übrigens mit nautischen oder Seemeilen. ▼

Bei manchen Modellen aus der Mitte des 19. Jahrhunderts überträgt eine lange, schmale Welle die Drehung des Impellers auf die Uhr.

Manchmal schmückte der Schiffszimmermann den Pinnkompaß mit phantasievollen Ornamenten. Im Original waren sie bunt angemalt, doch die Patina der Zeit macht sie nur noch hübscher.

R egulator, Loguhren und Flügelschraube wirken manchmal authentischer, wenn man ihnen die grau-grüne Patina läßt, die sie auf See angenommen haben.

▲ Ein komplettes Ensemble: Loguhr (mit Skala für 0-10 und 0-1000 Meilen), Regulator und Flügelschraube. Eines der letzten Walker-Modelle für die Großschiffahrt. Um Haie abzuhalten, hatten die allerletzten Modelle schwarze Flügelschrauben – wie die heutigen Schlepplogs für Yachten.

Hier ist die Loguhr bereits an Bord zu befestigen, so daß sie jederzeit abgelesen werden kann. Die Drehungen des Impellers werden über eine verwindungsfreie Logleine übertragen.

Mit Kompaß, Log und Lot ist im Grunde die Navigation komplett, zumindest die terrestrische Navigation. Kurs (Kompaß) und Fahrt (Log) bedingen die geographische Position des Schiffes, manchmal auch der Grund (Lot), die dritte Dimension, wenn eine bestimmte Tiefenlinie gelotet wird, die man in der Karte wiedererkennen kann. Kursmerker, Steck-kompaß, Lot und Lotleine, Logscheit und Schlepplog sind für die Schiffssicherheit un-abdingbare Instrumente.

Der normale Pinnkompaß (unten links) war ein recht grobes Instrument, eine Er-innerungshilfe für Seeleute, die des Schreibens kaum mächtig waren. Meist war es eine

Ein einfacher Pinnkompaß mit Metallbe-schlag. Man erkennt die Einteilung der Rose in 32 Strich.

Zimmermanns-arbeit, die aus einer Windrose mit acht Lochkrei-sen bestand, auf der man den Kurs halbstündlich festhielt; darunter war ein Brett mit vier horizontalen Lochreihen, mit deren Hilfe stündlich die Fahrt in Knoten fest-gehalten wurde. Auf der verfeinerten Version (links ein Pinnkompaß von 1840) konnte die Fahrt auf einen Zehntel-knoten genau und der Kurs in halben Graden angezeigt werden. Außer-dem konnte die Abtrift festgehalten werden.

Die Entwicklung der nautischen Instrumente schritt enttäuschend langsam voran. So hielt man – wie an einer Rettungs-boje – über sehr lange Zeiten an bewährten Materialien und Methoden fest.

Anfangs wurde der befohlene Kurs mit Kreide auf einer Schiefertafel angezeigt. Außerdem mußte der Rudergänger bei der Ablösung seinem Nachfolger den anliegenden Kurs so laut „aussingen", daß ihn der Wachoffizier hören konnte. Für praktische Verbesserungen im täglichen Bordleben sorgten dann unverhofft kleine, handwerklich hergestellte Geräte wie diese Kursmerker.

◄ Einfach, robust und genau ist dieses schwedische Lotgerät aus Bronze: Über eine Scheibe läuft eine geeichte Lotleine aus Draht. Auf der Achse sitzt ein mechanischer Tourenzähler, dessen Zeiger die Wassertiefe in Faden in 1er-, 10er- und 100er-Einheiten anzeigen.

Das „Excelsior"-Log ist sicher nicht die beste, bestimmt aber auch nicht die schlechteste Lösung. Unangenehm war es, wenn man es nachts einholen und ablesen mußte. Aber gegen den Fortschritt (in Form der Elektronik) konnte es sich nicht halten.

Die Hersteller nautischer Accessoires ließen sich von Dingen inspirieren, die sie an Bord vorfanden, und produzierten dann in Serie, was der Schiffszimmermann nicht selbst an Bord herstellen wollte.

▲ Auf unsicherem Grund ist nichts sicherer als das gute alte Handlot, eine Leine mit einem schweren, ausgehöhlten Blei am Ende. In die Höhlung wird Lotspeise, meist Talg, gegeben, an der dann eine kleine Bodenprobe hängenbleibt, aus der man auf die Beschaffenheit des Grundes schließt.

Immer schon wollten Navigatoren Kurs und Fahrtgeschwindigkeit genau angeben können. Also übten sie sich im Kompensieren der Kompasse und interessierten sich für alle Geräte zum Anzeigen von Fahrt und abgelaufener Distanz. Das Walker-„Excelsior"-Log war lange Zeit das beste; doch auch davor hatte man schon mit Schraubenkörpern als Impeller experimentiert. ►

Winde mit Stahldraht und Lotblei, das die Beschaffenheit des Grundes anzeigt; der Tourenzähler gibt die Tiefe in Faden wieder.

ARMILLARSPHÄREN UND GLOBEN

Die Erde ist rund, umgeben vom Himmelsgewölbe, in das die Sterne und Planeten gestochen sind, deren Entfernung einem erdgebundenen Beobachter weniger bedeutet als ihre Position am Himmel. So kam man denn auf die simple Idee, das stellare System darzustellen, indem man jedem Stern einen festen Punkt mit Deklination und Sternwinkel (was in gewissem Sinne der astronomischen Breite und Länge entspricht) auf einem Globus gab, als dessen Mittelpunkt man sich die Erde vorzustellen hat. Doch Kopernikus entdeckte Anfang des 16. Jahrhunderts wieder, daß das wahre Zentrum unseres Systems die Sonne ist.

Mit der „Navisphäre", die den lokalen Sternenhimmel mit dem Beobachter im Mittelpunkt darstellt, konnte man die beobachteten Sterne identifizieren. Weil dazu der Teil oberhalb des Horizonts ausreichte, steckte man diesen Himmelsglobus zur Verwendung an Bord in ein Kästchen. Dies ist ein zeitgenössisches russisches Modell.

Französische Schiffe hatten nur selten einen Himmelsglobus an Bord. Solche schönen Exemplare auf gedrechseltem Fuß waren an Navigationsschulen noch bis um 1960 in Gebrauch. Sie waren genauer — und zwar bis auf wenige Grade — als die dekorativen Armillarsphären.

Dieser pompöse mechanische Simulator der Bewegungen von Erde und Mond um die Sonne wurde im 18. Jh. „Planetarium" genannt. Wie bei allen diesen Geräten hängt der Sammlerpreis vom Namen des Herstellers und von der Genauigkeit der Arbeit ab.

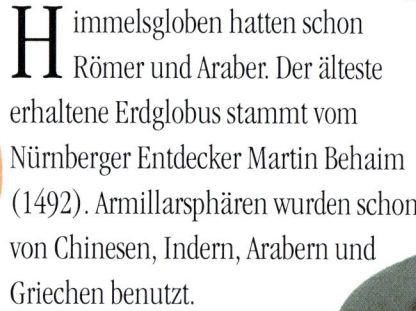

Himmelsgloben hatten schon Römer und Araber. Der älteste erhaltene Erdglobus stammt vom Nürnberger Entdecker Martin Behaim (1492). Armillarsphären wurden schon von Chinesen, Indern, Arabern und Griechen benutzt.

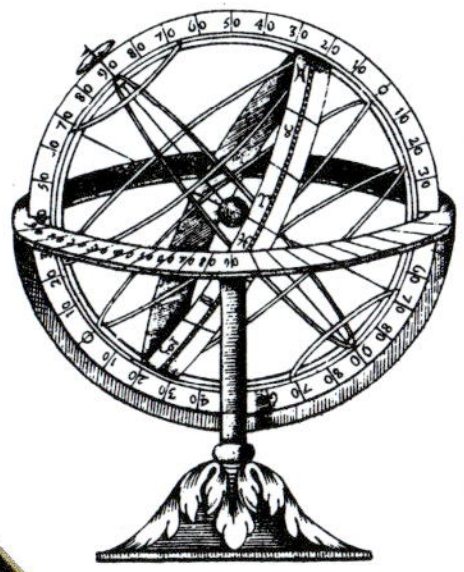

Die Armillarsphären nach dem ptolemäischen System sind in Wahrheit „Navisphären" mit der Erde im Mittelpunkt. Das kopernikanische System (links) stellte das Sonnensystem in seiner tatsächlichen Bewegung dar: Auf der Ebene der Ekliptik ist der Tierkreisgürtel angebracht, den zwei Armillen (Ringe) an den Äquinoktial- und Solstitialpunkten im rechten Winkel schneiden. Die sechs anderen Ringe stellen die Bahnen der Planeten in der Reihenfolge ihres Abstands zur Sonne dar: Merkur, Venus, Erde, Mars, Jupiter und Saturn. Die Erde wird durch einen kleinen Globus aus Elfenbein mit geneigter Achse dargestellt; mit einer Lamelle aus Blech ist wiederum ihr Satellit daran befestigt: der Mond.

Da es noch keine Nautischen Jahrbücher mit den Stundenwinkeln und Deklinationen der Sterne gab oder man sich der vorhandenen Tabellen nicht zu bedienen wußte, interessierten sich die Astrologen für die kopernikanische Sternensphäre als Mittel zum graphischen Sichtbarmachen der himmlischen Situation zu einer bestimmten Stunde. Sie bedienten sich aber ebenso des genaueren Astrolabiums der Astronomen.

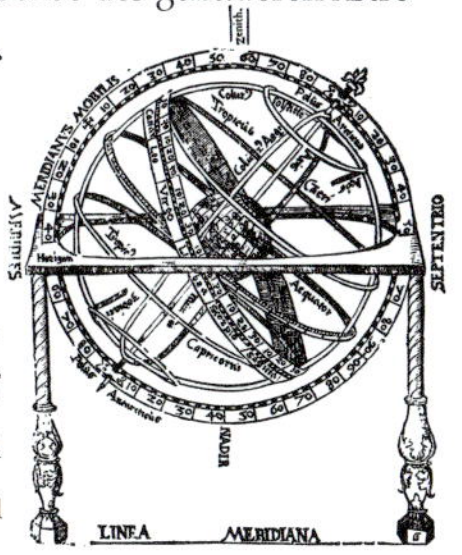

Seit dem 15. Jh., als nicht mehr bewiesen zu werden brauchte, daß die Erde rund ist, baute man Globen, auf denen die bekannten wie die noch zu entdeckenden Teile der Erde dargestellt wurden. Ein solch reich verziertes Stück schmückte die Bibliotheken reicher Bürger und Fürsten. Es gab kleinere Tischgloben

und größere, die aufs Parkett gestellt wurden. Man bediente sich ihrer aber auch, um Stunden in Grade zu verwandeln oder umgekehrt die Tages- und Nachtlänge an Orten anderer Breite oder auch die Distanz zwischen zwei Punkten auf der Erde zu finden... Selten waren solche Globen auch an Bord von Schiffen.

Solche „Reisegloben" von der Größe einer kleine Orange waren vom Ende des 17. bis zum Anfang des 19. Jahrhunderts ein großer Erfolg. Das mit Saffianleder oder Rochenhaut bespannte Futteral zeigt beim Öffnen den Himmel, wie man ihn sieht, und enthält einen kleinen Globus.

Die Armillarsphären waren zumeist nichts anderes als Schmuckgegenstände für den besseren Geschmack; denn die Bewegungen des Sonnensystems stellten sie doch nur sehr ungenau dar.

ERSTE INSTRUMENTE DER ASTRONOMISCHEN NAVIGATION

Erst im Zeitalter der großen Entdeckungen (Anfang des 15. Jahrhunderts) tauchten Navigationsinstrumente auf, mit denen Seeleute feststellen konnten, an welcher Stelle auf dem Meer sie sich tatsächlich befanden. Doch bis zum Ende des 18. Jahrhunderts (als der Chronometer Eingang in die Schiffahrt fand) hatten sie zur Standortbestimmung nur die Breite zur Verfügung; die geographische Länge blieb weitgehend die Unbekannte.

Titelblatt von Lucas Janszoon Waghenaers „Spiegel der Seefahrt" von 1583, einer Sammlung von Seekarten, fast ein Katalog der Instrumente zur astronomischen Navigation.

Mit dem „Nocturlabium" konnte man die Uhrzeit während der Nacht bestimmen, indem man die Alhidade auf die Achse Polarstern – hintere Achse des Großen Bären einstellte, wie es die Abbildung links zeigt, während man den Polarstern über das Zentrum des Apparats anpeilte. Die Stunde wurde auf der inneren Scheibe abgelesen, auf der äußeren Scheibe stellte man zuvor Monat und Datum ein. Auf der Rückseite des Geräts (linkes Foto) finden wir einen Tidenrechner, der auf Mondphasen basiert.

Dieses Astrolabium arabischer Astronomen sticht in seiner Eleganz von den rustikalen Instrumenten, die auf See gebräuchlich waren, ab.

Dieser Äquinoktialring ist ein Vielzweckgerät. Er stellt die Erde dar, wobei die Vertikalkreise die Meridiane und die schwenkbare Alhidade die Eliptik verkörpern. Beim Anvisieren der Sonne mißt er die Mittagshöhe und ist somit Astrolabium, tagsüber dient er als Sonnenuhr.

John Davis' Quadrant war eine entscheidende Verbesserung des Jakobsstabs und blieb auch im 18. Jahrhundert das bevorzugte Instrument aller Navigatoren. Das Holzgestell und die Skalen waren so präzise, daß damit Messungen bis auf ein halbes Grad Genauigkeit gemacht werden konnten.

Bevor der Sextant erfunden wurde, gab es unzählige Instrumente zum Messen der Sternenhöhe; mit allen bekommt man die Breite, indem man den gemessenen Winkel über dem Horizont von 90 ° abzieht und die Deklination hinzuaddiert.

Dieses schwere, einfache Astrolabium aus Bronze wurde eindeutig auf See verwendet. Der Kreis wird an dem oberen Ring in Richtung der Mittagssonne senkrecht aufgehängt, dann wird die Alhidade um den Mittelpunkt gedreht, bis die Sonnenstrahlen durch die Löcher in beiden Dioptern fallen. Auf der oberen Skala des Kreisringes kann man dann die Sonnenhöhe ablesen.

Edmund Gunter: „The Description and Use of the Sector", 1624. Mit „Sector" werden unterschiedliche Instrumente bezeichnet. Oben links ein Rechenstab, mit dem man z.B. trigonometrische Funktionen berechnen kann, oben rechts und unten links Geräte zum Winkelmessen und unten rechts der „Quadrant" von Gunter mit zwei Dioptern und einem Bleilot zum Messen der Höhe.

Mit dem Davis-Quadranten peilte man die Sonne wie auf der Zeichnung unten. Die Summe beider Winkel ergab die Höhe.

IN DER SPUR DER KARTEN

Immer wieder überraschend ist die relative Genauigkeit der ersten Seekarten. Um 1500 hat man zum Peilen nur zwei grobe Löcher in einem Gerät, das, auf den Steuerkompaß gesetzt, großartig „Peilkompaß" genannt wird, oft genug nur für zusätzliche Abweichungen sorgt. Erst im 18. Jahrhundert macht man beim Vermessen der Küsten echte Fortschritte. Die Seefahrer sind zugleich Forscher und erkunden Länder und Ozeane. Mit Hilfe unterschiedlichster neuartiger Vermessungsinstrumente kartographieren sie die Erde.

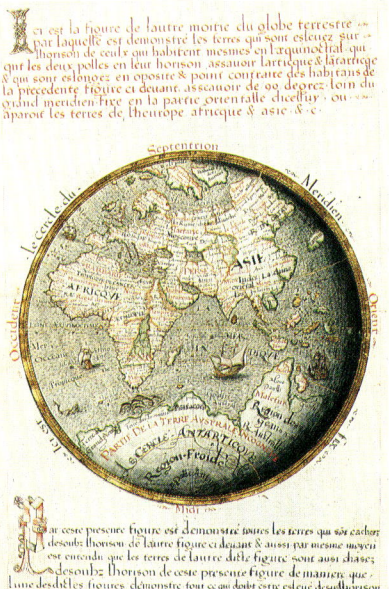

Bis ins 18. Jh. überzogen die berühmten „Rumben" (Windstrahlen) die Seekarten wie ein Netz.

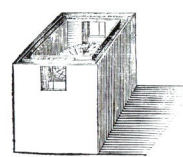

◀ Dem eleganten „Mond"-Zirkel aus Silber zieht der Seemann beim Arbeiten in der Karte schon lange den „Einhandzirkel" vor. Er wird durch Druck auf den oberen Teil geöffnet und durch Druck auf den unteren Teil geschlossen.

Dem Arbeiten mit Kurs- und Anlegedreieck in der Karte zogen englische Navigatoren das Parallel-Lineal oder ein rollbares Lineal zum Versetzen von Kurslinien auf eine Kompaßrose in der Seekarte vor.

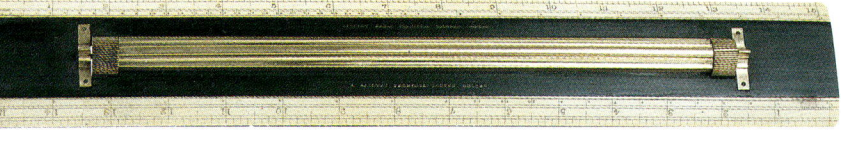

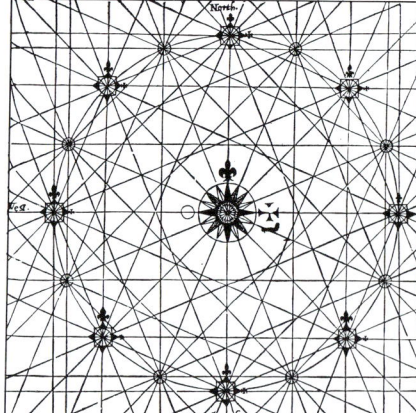

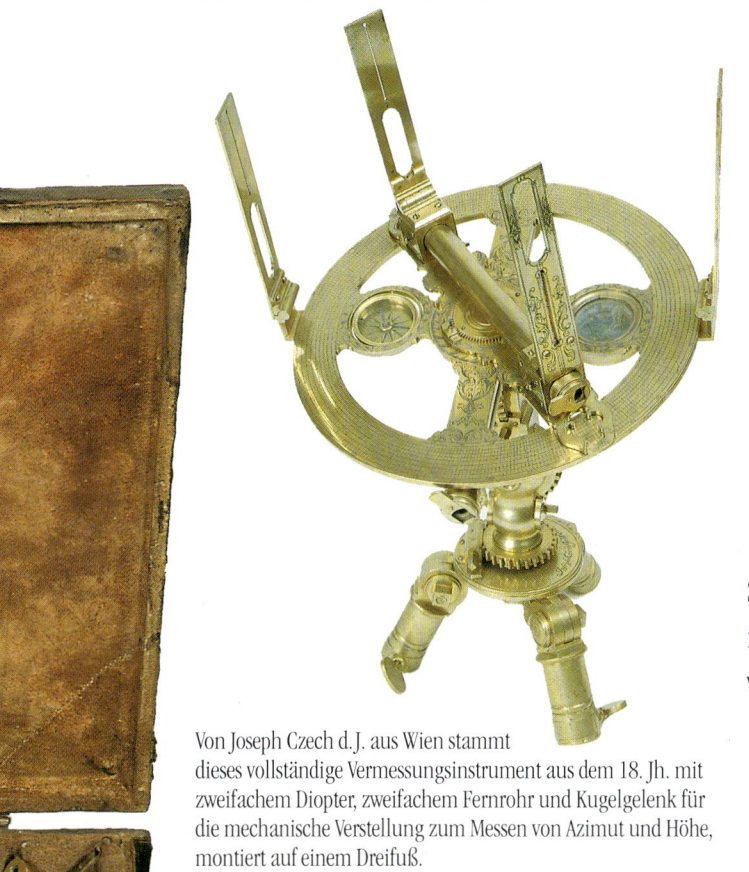

Halbkreis-Feldmeßgerät von Lennel, Paris. Ein Gerät mit Dioptern und Bussole zur Winkelmessung.

Instrumente wie Maschinen waren lange Zeit nicht ohne entsprechenden Schmuck vorstellbar. Besonders Navigationsinstrumente sollten ebenso durch Eleganz wie Präzision hervorstechen.

Ein Rechenstab von Butterfield, Paris. Dieses Gerät wurde für die üblichen graphischen Berechnungen (Logarithmen, trigonometrische Funktionen) verwendet.

Von Joseph Czech d. J. aus Wien stammt dieses vollständige Vermessungsinstrument aus dem 18. Jh. mit zweifachem Diopter, zweifachem Fernrohr und Kugelgelenk für die mechanische Verstellung zum Messen von Azimut und Höhe, montiert auf einem Dreifuß.

Manchmal hatten die Entdecker stattliche Sammlungen mit allen nötigen Instrumenten zum Arbeiten in Karten und Plänen mit sich. Dieser holländische Koffer, in dem wirklich nichts fehlt, stammt vom Ende des 17. Jahrhunderts. Noch zu dieser Zeit wurden Routen nicht einfach in die kostbaren Kartenatlanten gezeichnet, sondern auf Pauspapier, das man auf sie legte.

„Der Navigator" heißt dieses realistische Ölbild von Clifford W. Ashley, dem Verfasser des berühmten Knotenbuches.

Vollkreis-Feldmeßgerät ▶ mit doppeltem Diopter und Kompaß von Baradelle.

◀ Feldmeßkompaß von D. Adams, London, 18. Jh. Die Mahagonifassung kann direkt in einen Schlitz am Kartentisch gesteckt werden.

OKTANTEN UND SEXTANTEN

Die Erforschung der Erde konnte im 18. Jahrhundert nur so rasch vorangehen, weil es genauere Instrumente zur astronomischen Navigation gab. Im Mai 1731 bot der englische Marineoffizier John Hadley der Royal Society ein revolutionäres Winkelmeßgerät an: den Oktanten. Die wahre Revolution war die doppelte Reflexion, dank derer das Abbild des beobachteten Sterns mit großer Stabilität mit dem Horizont in Überein-stimmung gebracht werden konnte, was besonders für Beobach-tungen vom schwankenden Schiffsdeck aus wichtig war.

Diese kleine Figur – sicher Werbe-mittel eines Instrumentenhändlers – macht deutlich, wie groß diese Oktanten waren. Je größer, desto ge-nauer konnte der Limbus abgelesen werden, andererseits konnte sich das Gestell aber auch leichter verziehen.

An Hand der drei Modelle kann man die Ent-wicklung der ersten Oktanten besser verstehen. Der große (rechts) ist ganz aus Holz; laut Pla-kette wurde er in London und im Orient verkauft; die Skala auf dem Limbus ist (wie bei der kleinen Abbildung oben) zum Zwecke der genaueren Ablesbar-keit transversal unterteilt. Beim dritten Oktanten ist der Körper aus Ebenholz, und die Alhidade aus Messing hat bereits einen Nonius.

Dem Oktanten, mit dem Winkel bis zu 90 ^{0} gemessen werden konnten ($^1/_8$ von 720 ^{0}), folgten der Sextant (120 ^{0}) und der Quintant (150 ^{0}).

Großer englischer Oktant – die Alhidade hat eine Länge von 42 cm – mit doppeltem Visier, Ende 18. Jh. Signiert: Richard Rust, Minories, London. Doppel-Diopter. Der kleine Knopf an der Quer-strebe des Ebenholzgestells ist ein Füllbleistift. Damit notierte man auf einer Einlage aus Bein auf der Rückseite der Strebe die beobachtete Höhe.

Bevor Chronometer üblich wurden, versuchte man die Länge des Schiffsorts mit Hilfe von Monddistanzen zu finden. Dafür war der Quintant, der einen größeren Win-kel messen konnte, geeig-net. Man erkennt ihn am Limbus mit 144^0. Ein Exemplar im Original-kasten von ca. 1850.

Diese Mahagonikästen sind typisch für die großen Oktanten des 18. Jahrhunderts. Der erhabene Teil ist für den Block aus Spiegeln und Achse.

Der Davis-Quadrant war noch lange in Gebrauch; denn der Oktant war im Prinzip zwar genial, hatte aber Zusatzgeräte, die beim Gebrauch auf See hinderlich waren.

Zwei britische Seeleute nehmen die Mittagsbreite an Deck eines schwankenden Schiffes.

▲ Diese Plakette ziert einen Sextantkasten, der einem Leutnant Bolle nach der Rückkehr von einer dreijährigen Vermessungsreise vom Marine-Minister zum Geschenk gemacht wurde. Solche Belohnungen waren eine schöne Sitte in der französischen Marine.

Ein sehr kompletter Sextant des berühmten Instrumentenbauers Gambey: Tangentialschraube und Nonius an der Alhidade, Lupe zum Ablesen, gefärbte Horizont – und Sterngläser, Feineinstellung für großen und kleinen Spiegel, astronomisches und galileisches Teleskop, ein robuster, undeformierbarer Körper, Limbus mit Gradskala in Silber. Das war und blieb das beste Instrument des Nautikers.

Mitte 19. Jh.: Zur Verbesserung der Handhabung ist der Sextant leichter geworden. Der unbequeme Handgriff blieb Standard bei den französischen Sextanten, bis das Haus Lorieux Hurlimann die Produktion einstellte. Aber wegen der Verringerung der Exzentritäten der Achse blieben sie in ihrer Genauigkeit unübertroffen. ▲

29

SEXTANTEN UND VOLLKREIS - OKTANTEN

Der Nonius des Oktanten aus Ebenholz war bereits ein großer Fortschritt gegenüber dem Astrolabium oder dem Davis-Quadranten. Sein einziger Nachteil war, daß er nur Winkel bis 90 ⁰ messen konnte. Schon Ende des 18. Jahrhunderts begann man deshalb, Sextanten aus Messing mit Bogen von 120 ⁰ zu bauen.

Die Sextant-Kästchen waren schöne und präzise gearbeitete Gegenstände und boten Platz für alle Zusatzgeräte.

Man experimentierte mit künstlichen Horizonten, nicht nur für Messungen an Land, sondern auch auf See, wenn der Horizont wie so oft im Dunst verschwamm. Dazu benutzte man Spiegel oder – wie hier – ein Quecksilberbad, das von einer Haube geschützt war.

Der Griff des Sextanten saß immer rechts; denn man kannte keine Linkshänder. Seit ca. 1920 konnte eine Batterie im Griff sitzen, aus der eine Beleuchtung nahe der Leselupe am Limbus gespeist wurde. Etwa zur gleichen Zeit wurden Zahnstange und Trommel am Limbus eingeführt, um die Ablesbarkeit zu verbessern.

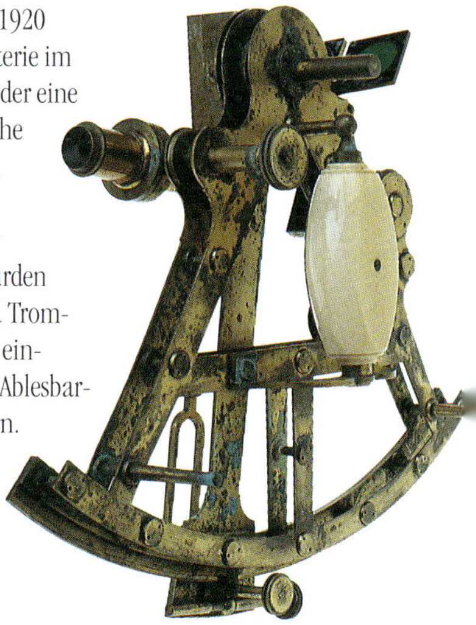

Sextanten oder Quintanten wurden auch mit doppeltem Rahmen gebaut, um das Verziehen durch Temperaturschwankungen auszuschließen. Sie erhielten relativ schnell ihre entgültige Ausstattung: großer Spiegel, Alhidade mit Nonius und Tangentialschraube (später Trommel), justierbarer kleiner Spiegel (senkrecht zur Instrumentenebene und zur Nullstellung des Limbus), doppelte Blendgläser (für Sterne und Horizont) und astronomisches sowie galileisches Fernrohr.

D a der Winkel, den der Sextant messen konnte, zu klein war, wurde der Quintant (150 ⁰) das ideale Instrument zum Beobachten der Monddistanzen, mit denen man die astronomisch richtige Zeit und damit die Länge des Schiffsorts berechnete, bevor es Chronometer gab.

Der Vollkreis-Oktant basiert auf dem Prinzip der doppelten Reflexion wie bei Oktant und Sextant. Wie letztere besitzt er ein Fernrohr, großen und kleinen Spiegel und Blendgläser für die Sonnenbeobachtung. Der zentrale Handgriff ist abnehmbar. Der mit Silber eingelegte Kreis-Limbus ist in 720 Grade unterteilt.

Ein Vollkreis-Oktant des großen französischen Instrumentenbauers Gambey, 19. Jh. Damit konnte man größere Winkel messen, vor allem vermied man den sog. Kollimationsfehler (durch Exzentrizität in der Achse). Tatsächlich konnte man Null an jeder Stelle des Kreises ansetzen und auch den Mittelwert aus mehreren Messungen nehmen.

In der zweiten Hälfte des 18. Jahrhunderts erschien der Vollkreis-Oktant, endlich das ideale Instrument für Vermesser und Navigatoren. Er maß Winkel bis zu 180°. Bei der Seevermessung ersetzte er schließlich den Theodoliten.

Dosensextant von Dollond. In seiner Handlichkeit scheint er irgendwie schon der Vorfahre des GPS-Navigationssystems zu sein.

Englischer Taschensextant. Er wurde zwar manchmal auch von Yachtseglern benutzt, war aber eigentlich für Vermessungsarbeiten im britischen Bergbau entwickelt worden.

Sie waren Seeleute, Astronomen, See- und Landvermesser zugleich – die Navigatoren, die man im 19. Jh. zum Erforschen der noch unbekannten Teile der Erde aussandte. Ihre Instrumente mußten ebenso universell sein. So verwandelte sich der mit Gegengewichten ausgestattete Vollkreis-Höhenwinkelmesser Gambeys in einen Super-Theodoliten: Mit einer einzigen Beobachtung erhielt man Azimut und Höhe für die Winkeldistanz zweier Punkte.

31

TELESKOPE UND FERNROHRE

Im 17. Jahrhundert machte sich der Venetianer Semitecolo einen Namen mit gut konstruierten Teleskopen. Signierte Exemplare sind selten, aber es gibt viele gleichwertige ohne Unterschrift. Tubus und Auszüge aus mit Blattgold überzogenem Karton, die Ringe aus gedrechseltem Elfenbein oder Horn. Dieses mit grauer Rochenhaut bezogene Exemplar von ca. 1750 wird allerdings dem Engländer John Howe zugeschrieben.

Entfernte Objekte zu erkennen, galt sicher schon seit den Anfängen der Seefahrt als Notwendigkeit für die Sicherheit auf See. Man mußte die Küste erkennen oder auch einen möglichen Feind, bevor man sich ihnen näherte oder vor ihm floh. Der Adlerblick des Seemanns reichte nicht aus, und so bediente man sich der Fernrohre der Astronomen und entwickelte schließlich daraus das Marineglas.

▲ Ein anderes anonymes Modell aus dem 18. Jh. mit drei Auszügen. Es ist leicht und paßt zusammengeschoben in die Tasche eines Schiffsoffiziers. Wie wohl Regen und Nebel auf diese empfindlichen Instrumente wirkten?

Hier haben Metall und Holz schon den Karton ersetzt. Dieses einzügige Bordteleskop (ca. 1840) stammt von Dollond. Der Korpus ist aus Mahagoni und der Okularträger aus versilbertem Messing. ▼

Dioptisches Teleskop war der alte Name für das Fernglas.

Mitte des 18 Jahrhunderts kam das Doppelglas in der Marine auf. Das waren robuste Stücke mit verstellbarem Okular und Sonnenblenden. Die Seeleute waren glücklich über die Vergrößerung des Gesichtsfeldes und weil akrobatische Haltungen wie beim Teleskop nun nicht mehr nötig waren. ▼

▲ Messing, das später als die Bronze in die Fabrikation von Navigationsinstrumenten Eingang fand, erwies sich als ideal für die zusammenschiebbaren Tuben der Teleskope.

Dieses Doppelglas aus ▶ Messing mit Lederüberzug wirkt elegant wie ein Opernglas, macht aber mit der Bezeichnung „Marin" seine Zugehörigkeit zur Seefahrt deutlich. Das Okular ist vor Sonneneinfall geschützt.

Die alten Teleskope waren zwar reich dekoriert, haben aber im allgemeinen enttäuschende optische Qualitäten: Die Linsen sind zu klein, der Leim hat alles vergilbt.

Dieses hübsche Köfferchen enthält drei jeweils einzügige Teleskope von Dollond. Man wählte sie je nach gewünschter Größe des Gesichtsfeldes und der Entfernung des zu beobachtenden Gegenstandes, die Einzügigkeit ließ nur geringfügige Justierungen zu.

E. HUBÉ JEUNE,
Fabricant d'instrumens d'Optique et de Mathématiques,
Rue Royale, 70, à Brest.

Noch bis Anfang des 19. Jahrhunderts sind venetianische Teleskope an Bord in Gebrauch. Tuben aus geleimtem Holz haben den Karton ersetzt. Das Elfenbein verleiht ihnen Eleganz.

Wiederum ein einzügiges Teleskop von Dollond, London. Tubus mit grüner Rochenhaut, Teleskop Leder mit Blattgold, Okularträger aus geschwärztem Elfenbein. Marine- oder Opernglas? Vielleicht beides. Schön genug waren die Produkte dieses englischen Optikers.

▲ Nur bei sehr schönem Wetter konnte man diese eindrucksvollen Instrumente benutzen. Aufgestützt auf die Reling, betrachtete man durch sie einen Leuchtturm oder eine Flagge – das Gesichtsfeld war sehr klein. In Frankreich wurden sie allerdings häufiger vom Personal der Semaphoren benutzt. Das schöne Exemplar mit achteckigem Tubus stammt von G. Adams.

Abgegriffen, angestoßen, erblindet in den Nebeln Neufundlands – so fand man dieses Doppelglas eines Kabeljaufischers in einem Speicher von Saint-Malo. ▶

33

WETTERVORHERSAGE

Unruhig wie ein Bauer, weil die Ernte eingebracht werden muß, beobachtet auch der Seemann den Himmel; denn er will sich nicht unter vollen Segeln vom Starkwind überraschen lassen. Zur Vorhersage dient ihm das Glasröhrchen des Herrn Torricelli, besser bekannt als Barometer. Es wurde kardanisch oder an einem Ring aufgehängt, bestand aus eben jenem Glasröhrchen mit Kupferfassung oder im Mahagonibehälter, oft zusammen mit einem Thermometer. Im Prinzip ist es nichts als eine Quecksilbersäule, die durch atmosphärischen Druck im Gleichgewicht gehalten wird und so den Luftdruck anzeigt – Freund und Vertrauter des Seemanns.

Nachdem Vidi 1847 die luftleere, druckfeste Dose erfunden hatte, baute man nach diesem System bald auch Aneroid-Barometer zum fortlaufenden Aufzeichnen der Luftdruckänderungen.

Von links nach rechts: Fortin- Barometer von Jaudoin in Lyon (1900) und Mossy in Paris (1830), ein Zimmerbarometer mit breiter Küvette, bezeichnet Port Lorient (1870).

◀ Barometer mit Körper aus Holz und Skalen aus Elfenbein, Ende 18. Jh., kardanisch aufgehängt. Es hätte auch dem Salon eines englischen Teeklippers zum Schmuck gereicht. Mit regulierbaren Zeigern konnte man das Heraufziehen von Hoch- und Tiefdruckgebieten rascher erkennen.

Barometer der Kaiserlichen Marine Nr. 255 ▶ (Frankreich), gebaut von Ernsi, Paris. Der „Service hydrographique", der sich um Ausrüstung der Schiffe und Unterhalt ihres Materials zu kümmern hatte, wählte brauchbare und schöne Instrumente.

Barographen mit Trommel und Acht-Tage-Uhrwerk sind bekannt. Seltener sind Pioniermodelle wie dieses Instrument von S. Guichard & Co, Paris, mit acht Dosen und skalierten Karten, die von Leitrollen vor einem Tintenstift entlangbewegt ◀ werden.

Damals gab es weder Funkverbindung noch Wettervorhersage im Radio. Auf einem Schiff auf hoher See mußte man sich auf die vorhandenen Instrumente verlassen können.

Zahlreiche mechanische Geräte entstanden im Laufe der Jahrhunderte zum Berechnen des Schiffsorts, zum Regulieren des Kompasses und natürlich auch zum Analysieren der meteologischen Situation. Dieses „Barocyclometer 641" von H. Hughes & Son Ltd, 69 Fenchurch St, London, Anfang 20. Jh., besteht aus einem Aneroid-Barometer und einer Scheibe zum Berechnen der Manöver, mit denen man einem heraufziehenden Zyklon entgehen konnte.

◄ Häuschen, gebaut von einem Schiffszimmermann, zum Schutz eines Thermometers vor direkter Sonneneinstrahlung.

Diese Dreifachscheibe ist ein Rechengerät, mit dem man die vielschichtigen Probleme des wahren Kurses in Funktion von Windrichtung, Kurs zum Wind und Abtrift des Segelschiffs berechnen ▼ zu können vorgab.

Für Seefahrt und Forschungsreise: schönes, funktionstüchtiges Barometer mit Thermometer mit Ringaufhängung; Anfang 19. Jh. ▼

SONNENUHREN

Außer dem Kompaß waren gewöhnlich drei weitere Instrumente an Bord: Der Gunter-Quadrant, mit dem man die Sternenhöhe zum Berechnen der Breite des Schiffsorts beobachtete, das Nocturlabium zum Berechnen der Nachtstunde und schließlich die Sonnenuhr, die die örtliche Stunde des Tages anzeigte. Eigentlich arbeitete sie nur an Land korrekt, weil sie stabil gelagert und genau ausgerichtet werden mußte. Dennoch nahm man sie mit auf See.

Sonnenuhr von Bloud, Dieppe, 17. Jh. Gehäuse aus Elfenbein mit Meridianfaden und direkter Ablesung auf dem horizontalen, sog. Nürnberger Quadranten, andererseits aber auch mit einem sog. „analemmatischen" Quadranten ausgestattet, an der der Schatten des Gnomon abgelesen werden kann, der den Schattenstift am Kompaß übersteigt.

Der Äquinoktial- oder Äquatorialring löste das Problem der Verwendbarkeit in allen Breiten: Die Standfläche kann mit Hilfe des Kompasses auf Nord und mit Hilfe des Pendels horizontal ausgerichtet werden; Gnomon (Schattenstift) und Stundenring können je nach Breite des Beobachtungsorts angekippt werden. ▶

Der Horizontalquadrant arbeitet nach einem einfachen Prinzip: Er besteht aus einem Schattensegment aus Metall und einem Stundenkreis in der Horizontalen. Mit dem Kompaß wird die Mittellinie auf das wahre Nord ausgerichtet. Indem der Sonnenstand sich verändert, wandert der Schatten über den Stundenkreis.

Zwei kostbare Horizontalquadranten von Delure in Paris. Das Schattensegment kann auf die Breite des Benutzerortes eingestellt werden, so daß dieser Typ in einer Bandbreite von 20 ⁰ verwendbar ist. Die beiden Stundenkreise entsprechen den Extremwerten.

Wird der Stundenring ▲ genau parallel zur Äquatorialebene eingestellt, schreitet der Schatten des Gnomon mit gleichmäßiger Geschwindigkeit fort, was die Gleichmäßigkeit der Stundeneinteilung erklärt. Das Gerät ist robust und kann flach zusammengeklappt werden: erst der Stundenkreis, dann der Schattenstab, das Breitensegment und schließlich das Pendel.

Am verbreitetsten war zu ihrer Zeit die sog. Nürnberger Sonnenuhr mit ihren zwei Stundenkreisen; denn sie war aus Holz, mit Papier beklebt, und deshalb ziemlich billig. Einer der Quadranten steht senkrecht, der andere horizontal. Doch auf See war dieses Gerät kaum zu gebrauchen.

Auf dem Deckel hatten diese Uhren einen schmuckvollen immerwährenden Kalender.

Sonnenuhren sind uns als feste Einrichtungen vor allem von Kirchen und Rathäusern bekannt. Doch die kleinen, tragbaren „Taschenuhren" folgten dem gleichen Prinzip.

Ein Original-Horizontalquadrant von Le Maire, Paris. Der Meridianfaden wird durch zwei Löcher gezogen, und das Gerät ist einstellbar auf Breiten von 40 ° bis 56 °, wobei die Stundenkreise für die beiden extremen Breiten geeignet sind. ▼

Seltene und schöne Sonnenuhr des 18. Jahrhunderts. Hier bleibt der Schattenstift immer vertikal, aber der Stundenring wird je nach Breite geneigt. Es fehlt nur das Pendel. ▼

▲ Auf die Unterseite der Nürnberger Sonnenuhren wurde solch ein Blatt mit den Breitenangaben der wichtigsten Städte Europas zwischen 30 ° und 56 ° Breite geklebt. Durch das entsprechende Loch zog man den Meridianfaden und justierte damit gewissermaßen die Sonnenuhr.

DIE SANDUHREN

Die Sanduhr ist sozusagen der direkte Nachfahre der Wasseruhr und kaum weniger zerbrechlich. Während der großen Entdekkungsreisen zwischen 1400 und 1500 taucht sie zuerst auf Schiffen auf, eher wohl, um die Dienststunden der Wache anzuzeigen als zum Berechnen der abgelaufenen Distanz des Schiffes, dessen Fahrt man doch nur schätzen konnte. Üblich waren Sanduhren für eine Stunde und sehr kleine Sanduhren fürs Loggen, aber es gab auch große für vier Stunden. Alle behielten ihren Platz an Bord bis zur Einführung der mechanischen Uhr.

Jahrhundertelang wurden Sanduhren aus zwei miteinander verbundenen Gläsern gefertigt. Doch die Bändselung war immer problematisch; sie konnte kaum auf Dauer das Eindringen von Feuchtigkeit verhindern, die das Fließen des Sandes verlangsamte. Erst spät riskierte man, Doppelgläser aus einem Stück mit kalibrierter Engführung zu blasen. Das war schwierig, weil beide Gläser gleich groß sein und den Sand in genau vorgegebener Zeit durchrinnen lassen mußten. Dieses schöne Stück, Anfang 19. Jh., ist mit zwei Säulen in einem Bügel gehaltert, in dem man das Glas nach Ablauf der Stunde umdrehen konnte. Es hing wohl am Balken eines Ruderstands.

D iese kostbar ziselierten Sanduhren waren wirklich an Bord von Schiffen; man findet immer noch welche bei Wracks auf dem Meeresgrund. Der Sand war aus pulverisierter Eierschale oder zermahlenem schwarzem Mamor.

Beide Sanduhren (links) laufen 30 Sekunden und wurden zum Loggen verwendet. Der Sand in der größeren ist weniger fein, aber die Messinghülle schützt das Doppelglas besser, was für den Gebrauch auf See vorteilhaft war. Die kleinere Sanduhr ist das übliche Modell der französischen Marine.

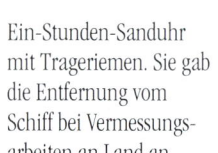

Ein-Stunden-Sanduhr mit Trageriemen. Sie gab die Entfernung vom Schiff bei Vermessungsarbeiten an Land an.

Das Uhrwerk dieser Sanduhren war der Mensch. Auf seiner Zuverlässigkeit, sie im richtigen Moment umzudrehen, beruhte ihre Genauigkeit. Es wird nicht selten vorgekommen sein, daß ein Rudergänger die Uhr umdrehte, bevor aller Sand durchgelaufen war, um seine Wache zu verkürzen.

Englische Sanduhr ▶ mit fünfeckiger Grundfläche, ebenfalls Ende 18. Jh., nicht signiert. Sie besteht aus zwei Gläsern, zwischen denen ein Metallplättchen mit kalibriertem Loch sitzt und die mit Wachs und einem türkischen Bund aus Bändsel luftdicht abgeschlossen wurden. Die Gläser waren am dünnen Ende etwas aufgebogen, damit das Geflecht besser hielt. Doch mehr als eine Reise überstand diese Verbindung wohl nicht.

Ein merkwürdiges, ▲ von Grünspan überzogenes Objekt. Sicherlich war es auf See im Einsatz. Aber warum sitzt es in einem Kästchen, dessen Rückwand ein Umdrehen unmöglich macht?

Log und Sanduhr: Die Logleine war in regelmäßigen Abständen mit Knoten versehen; ein Matrose ließ sie ablaufen, ein anderer zählte die Knoten. Der Moses bewachte die Sanduhr: Die Anzahl der Knoten beim Ablauf gibt die ◀ Fahrt an.

Diese schöne Sanduhr vom Ende des 18. Jahrhunderts sitzt in einem Gehäuse aus Messing, dessen Deckel mit religiösen Motiven verziert sind. Vielleicht diente sie einem Feldgeistlichen an Bord, um die Zeit für den Gottesdienst anzuzeigen.

ZEITMESSUNG AUF SEE

Aus der Mitte des 18. Jahrhunderts datieren wichtige Entwicklungen für die Geschichte der Navigation: 1731 schlägt John Hadley der Royal Society in London mit seinem Oktanten eine Möglichkeit vor, die Höhe der Sterne bis auf wenige Bogenminuten genau zu beobachten. Wenn es jetzt noch eine auf die Sekunde genaue Zeitmessung gegeben hätte, wäre das Problem der Längenbestimmung des Schiffsorts, das Seeleute seit Anfang der Zeiten umtrieb, gelöst. Also ging man in dieser Zeit auch daran, Chronometer zu entwickeln und zu verbessern.

Schiffsuhr von Ferdinand Berthoud (1727-1807). Dieses Modell von 1777 ist bereits mit Spiralfeder ausgerüstet. Temperaturschwankungen werden durch eine Bimetallunruh ausgeglichen. Diese Uhr machte 1780-81 eine Vermessungsreise nach Santo Domingo mit.

D ie an Land schon lange gebräuchliche Pendeluhr war auch bei kardanischer Aufhängung wegen der heftigen Schiffsbewegungen auf See nicht zu gebrauchen.

Schiffsuhr Nr. 3 von Berthoud mit freischwingender Hemmung. Abbé Chappe nahm sie 1768 auf seine Reise nach Kalifornien mit. Eine schon recht modern aussehende Uhr ohne den Anspruch großer Genauigkeit.

John Harrison (1693-1776) war der englische Pionier des Chronometerbaus. 1761 wurde erstmals sein Chronometer Nr. 4 auf einer langen Reise erfolgreich erprobt, und 1774 erhielt er vom „Board of Longitude" den Preis von 20 000 Pfund für die beste Methode zum Finden des Längengrades auf 30' Genauigkeit, der bereits 1714 ausgesetzt worden war.

Harrisons Uhr Nr. 3, eine Ehrfurcht gebietende Maschine von 33 kg mit doppeltem Federwerk und Hemmung, mit der er eine Genauigkeit auf 3-4 Sekunden pro Woche erreichen wollte. 1757 war sie fertig, doch wurde sie nie auf See eingesetzt. Man bemerkt die seltsame Anordnung der Skalen für Stunde, Minute und Sekunde. Es folgte der Chronometer Nr. 4., der 1761 auf einer Reise nach Jamaika und zurück ausprobiert wurde und am Ende nur 1 Minute und 53 Sekunden differierte. James Cook hatte später eine Kopie an Bord.

Schiffschronometer Nr. 2 von Berthoud. Federhaus und konische Spindel sind durch eine Kette verbunden, die ein konstantes Drehmoment ausübt.

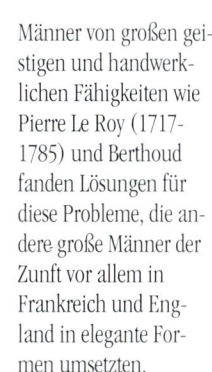

Schiffsuhr (u. links) mit vertikaler, kreisförmiger Unruh des französischen Uhrmachers Rivaz, ca. 1750; zwei Schiffsuhren, (r) mit Foliot (Balkenunruhe) und mit waagerechter Unruh und Gewichts-antrieb (r. außen).

E s ist unvorstellbar, daß heute noch einer dieser historischen Zeitmesser der großen nautischen Uhrmacher zum Kauf angeboten wird. Doch der engagierte Amateursammler sollte zumindest über die Etappen im Kampf um die Zeitmessung Bescheid wissen.

JOHN HARRISON

Diese drei Maschinen zeigen, wie übrigens die Mehrzahl der Uhrmacherprodukte dieser Zeit, die fieberhafte Suche nach Lösungen für die Herstellung zuverlässiger Zeitmesser auf See: die freischwingende Hemmung, Gleichlauf und Kompensation für Wärmeausdehnung der Unruh.

Männer von großen geistigen und handwerklichen Fähigkeiten wie Pierre Le Roy (1717-1785) und Berthoud fanden Lösungen für diese Probleme, die andere große Männer der Zunft vor allem in Frankreich und England in elegante Formen umsetzten.

Am 5. August 1766 präsentierte der Uhrmacher Pierre Le Roy König Louis XV. eine „Uhr zum Messen des Längengrades auf See". 1769 und 1773 gewann er den von der Akademie der Wissenschaften ausgeschriebenen Wettbewerb für „die beste Art der Zeitmessung auf See". Diese Uhr aus dem „Conservatoire des arts et métiers" (Gewerbemuseum) in Paris zeigt Lösungen für die wichtigsten Probleme: Man erkennt auf dem Foto vor allem das mit Quecksilber gefüllte Glasröhrchen, das Temperaturschwankungen an der Achse ausgleicht.

Chronometer von H. Motel, Frankreich, 1841, Gabe an einen mutigen Kapitän (r); von Henri Robert, Paris (r. außen); von A. Johannsen, London (u. links). Drei Lösungen von handwerklicher Qualität nach der Zeit der Experimente.

◄ Meisterstück des großen englischen Uhrmachers des 18. Jahrhunderts, Thomas Earnshaw. Es zeigt kostengünstige Lösungen und kündigt damit den Chronometer für alle an.

Es beginnt das fast schon industriemäßige Aussehen der „Uhren zur Längenbestimmung". Links Nr. 41 von Arnold & Son, London; oben Chronometer Nr. 3153 von Bréguet et fils (1830), Uhrmacher der königlich-französischen Marine.

◄ Louis Berthoud (1750-1813), Neffe von Ferdinand Berthoud und ebenfalls berühmter Uhrmacher, ist ebenso für seine Chronometer bekannt wie für die sog. republikanische Uhr mit Zifferblatt im Dezimalsystem oder für eine Uhr mit Terzschlag.

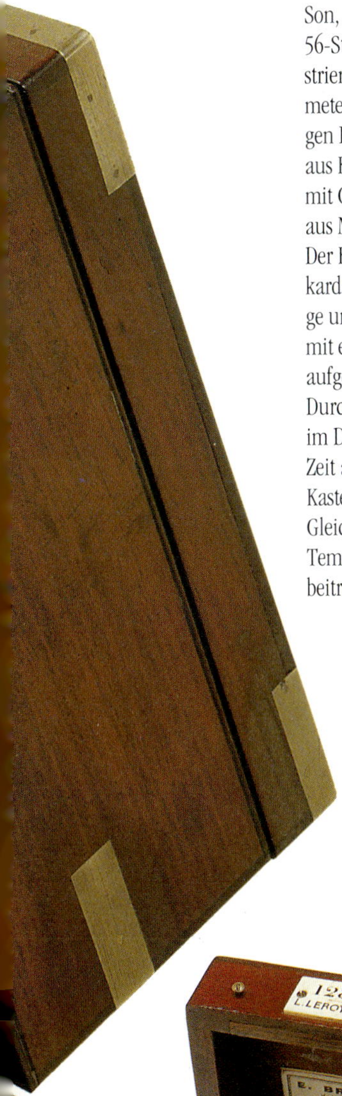

Links: Der Chronometer Nr. 884 von Cousens & Son, Swansea, mit 56-Stunden-Werk illustriert den Schiffschronometer in seiner endgültigen Form. Der Kasten aus Kuba-Mahagoni ist mit Griffen und Bändern aus Messing versehen. Der Korpus kann im kardanischen Gehänge umgedreht und mit einem Schlüssel aufgezogen werden. Durch einen Glaseinsatz im Deckel kann man die Zeit ablesen, ohne den Kasten zu öffnen, was zur Gleichmäßigkeit der Temperatur im Kasten beiträgt.

Drei Zeitmesser von Ferdinand Berthoud. Von links nach rechts: Uhr Nr. 9 von 1771; Nr. 4 von 1775; und schließlich die Schiffsuhr Nr. 3 von 1775, die Borda 1776 während seiner Weltumsegelung benutzte.

Dieser Chronometer der Waltham Watch Co. (ca. 1880) ist eine der zahllosen kleinen, preiswerten Uhren, die seit der zweiten Hälfte des 19. Jahrhunderts gebaut wurden.

Die Abbildungen auf diesen Seiten zeigen die Entwicklung des mechanischen Schiffschronometers über zwei Jahrhunderte. Noch vor kurzem hat der letzte klassische Uhrmacher, der Schweizer Ulysse Nardin, der elektronischen Uhr den Kampf angesagt.

Diese kleinen Uhren konnten allerhand Erschütterungen wegstecken. Man nannte sie deshalb auch „Torpedoboot-Uhren", weil sie besonders auf den kleinen Torpedobooten der französischen Marine eingesetzt wurden. Dies ist ein Stück von L. Leroy & Cie.

Jahrzehnte der Entwicklung liegen zwischen dem Monstrum im thermisch isolierten Kasten, dem stark belasteten „Taschenchronometer" und einer Berthoud, die die endgültige Form des Schiffschronometers zeigt.

DIE SEEKARTEN

Vier Jahrhunderte dauerte der Kampf um die Darstellung der gewölbten Erdoberfläche in der Kartenebene, um die Seekarte. Navigatoren und Seevermesser haben Anteil daran. Die auf Schafshaut gezeichneten Portolane (um 1300) sind ihre erste graphische Erscheinungsform, eher intuitiv als methodisch gestaltet. 1569 wand Gerhard Mercator die noch heute gültige, nach ihm benannte Projektion auf seine erste „winkeltreue" Seekarte an, mit der er die zwei Jahrhunderte herrschende Windrose mit ihren Rumblinien entthronte.

P ortolan: ein Mosaik aus kleinen Plänen, die von Ort zu Ort fortschreitend aneinandergesetzt wurden, was der genauen Darstellung der Küstenlinie nicht immer bekam. Doch Routen und Distanzen waren für den antiken Seemann nur Pseudorealitäten.

Die ptolemäische Armillarsphäre mit der Erde als Mittelpunkt des Sternensystems entsprach den Portolanen der gleichen Zeit. Ein Beispiel aus Florenz (17. Jh.) aus vergoldetem Kupfer und Messing.

Schilfrohr für die Strömungen, Muscheln für die Inseln: Seekarte der Einwohner der Marshallinseln. ▼

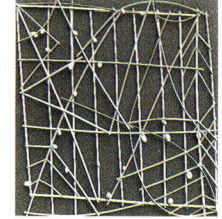

▲ Auf einem Pergament, dessen Schnitt noch an die ursprüngliche Schafshaut erinnert: Europa, Afrika und der vordere Orient mit zahlreichen kleinen Nationalflaggen. Die Rumblinien gehen von Windrosen an sechzehn Schlüsselpunkten aus . Arbeit des portugiesischen Kartographen Sebastao Lopez von 1555.

Die Sammlungen von
Hafenplänen des 18. Jahr-
hunderts sind unseren
Hafenhandbüchern nicht
unähnlich. Diese wurde
von Joseph Roux heraus-
gegeben.

▲ Eine der Karten der
berühmten Sammlung
„Spiegel der Seefahrt"
von Lucas Janszoon
Waghenaer mit Cher-
bourg und einem Teil
der Küste der Normandie.
Man erkennt wieder die
Windrosen und Rumb-
linien.

E rst im 19. Jh. haben genaue Zeichnung und Einfarbigkeit die
Abbildungen von Seeungeheuern und
Karavellen aus den Karten rigoros
vertrieben – die Träume ebenfalls.

Ein Globus von L. C. Desnos, Paris, 1754, auf dessen
runder Oberfläche man sich die großen Forschungs-
reisen viel besser vergegenwärtigen konnte als auf
den Karten.   ▶

Schiffskompaß des
17. Jahrhunderts aus
Venedig. Die Windrose
ist aus Papier, der
Kompaß ist kardanisch
in einer aus Elfenbein
gedrechselten Dose mit
Deckel aufgehängt. ▼

„Neue See-Karte aller
Küsten Amerikas, die
alle Inseln, Buchten
und Flüsse sowie alle
Felsen und Untiefen …
zeigt" des Holländers
Gerard van Keulen. ▶

AUF HAUEN UND STECHEN

Mit dem Degen sticht man. Er ist die feine, rassige, schnelle, tödliche Waffe des Offiziers. Der Dolch hingegen (außer dem Paradedolch mancher hochrangiger Marineoffiziere) ist das flinke Argument der Mannschaft. Gehauen wird mit der Schneide der Waffe. Da ist zunächst das Beil, das seit der Steinzeit immer weiter entwickelt wurde und hier als Enterbeil interes-siert; dann aber und vor allem der Säbel, gerade-zu symbolische Waffe des raufenden Seefahrers.

Das Enterbeil, wert-volles Überbleibsel der Kämpfe des Mittelalters, wurde in einer Schlaufe am Gürtel getragen.

Auf die Klinge ist ein Anker geprägt, auf der Fehlschärfe sind der Name der Manufaktur und das Datum eingeätzt.

In populären Abbildun-gen tragen die glorrei-chen Sieger der See-schlachten fast immer Säbel oder Pistolen – doch scheinen die Maler den blankgezogenen Säbel zu bevorzugen.

In Anspielung auf den riesigen geschlossenen Korb erfanden wohl Köche für Bootsmänner und Matrosen, die im Kampf solche Säbel trugen, den etwas ver-ächtlichen Übernamen „Suppenkelle". Bei diesem Stück handelt es sich um einen echten französi-schen Entersäbel der Manufaktur Klingenthal aus dem 1. Kaiserreich.

Wie wirksam waren wohl solche wild ge-schwungenen Säbel im Durcheinander des Kampfes gegen Pfeil und Messer?

Degen der französischen Marine nach dem Regle-ment des 1. Kaiserreichs, ein Stück, das eher Arbeit eines Goldschmieds als eines Waffenschmieds zu sein scheint. Es ist so perfekt erhalten, daß man glauben möchte, es habe wohl nur Löcher in die stickige Luft der Vorzimmer des Marine-ministeriums gestochen.

Französischer Entersäbel, Modell 1833, Königliche Manufaktur Châtellerault. Der geschwärzte Korb hat seine Palmette am Teller verloren, aber seine Robustheit behalten.

Als Sitten und Waffen sich allmählich änderten, wurden Degen, Säbel und Dolche zu kriegerischen Accessoires der Galauniformen.

Säbel eines französischen Geschwader-Admirals der 3. Republik mit Portepé und Frangen. Der gerippte Griff und die gekehlte Klinge sind typisch für die blanken Waffen des ausgehenden 19. Jahrhunderts.

Die Mittelbleche des Tragrings dieser Degen und Säbel sind aus getriebenem Messing. Knauf, Stichblätter, Griffbügel, manchmal auch die Parierstangen sind mit symbolischen Figuren geschmückt. Das Stichblatt rechts unten besteht aus zwei mit maritimen Reliefs geschmückten Halbmuscheln. Am Mundblech sitzt oft eine Verdickung aus Messing in Kugel- oder Muschelform, die zum Aufhängen diente. Der Schmuck ist so regelmäßig, daß man die Stücke danach datieren kann.

▲ Der Enterdolch der Matrosen, schrecklicher „Ausputzer" des Oberdecks, blieb in der Grundform immer gleich. Nur Details veränderten sich, z. B. wurde die Lederscheide später durch eine aus Metall ersetzt.

Dieser Marinedegen des 2. Kaiserreichs ist spitz wie eine Nadel und liegt beim Defilieren und Paradieren ausgewogen in der Hand. ▼

Solche Dolche traten ▶ dann in Aktion, wenn die Muskete ihren einzigen Schuß getan hatte. Aber was weiß man eigentlich von diesen Waffen, die man sammelt? Jede von ihnen hat ihre Geschichte, und manche dürfte recht grausam sein.

PISTOLEN DER MARINE

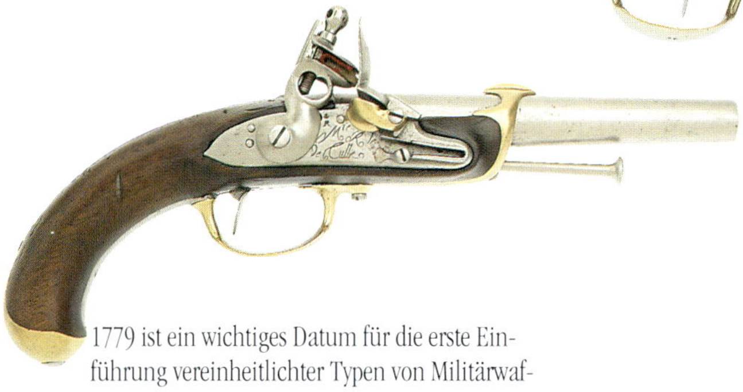

Die Marinepistole genießt fast ebenso großes Ansehen wie der Entersäbel. Man stellt sich vor, daß Seeräuber wie Offiziere solche Pistolen bei ihren Abenteuern trugen. Aber heute interessiert uns doch mehr die handwerkliche Kunst jener Mechaniker und Schlosser, die sich auf den Beruf des Büchsenmachers spezialisierten und schließlich die Waffen nach Reglement entwarfen, die heute vor allem von Sammlern gesucht werden – nicht als Kriegsgerät, sondern als mechanisches Meisterwerk.

1779 ist ein wichtiges Datum für die erste Einführung vereinheitlichter Typen von Militärwaffen in Frankreich (Reglement). Eine Marinepistole wird z.B in allen Einzelheiten vorgeschrieben (reglementiert): Sie ist mit Zündpfanne und Steinschloß ausgerüstet; Pfanne, Abzugbügel, Ring und Knaufbeschlag sind aus Bronze, und an der linken Seite sitzt ein Riemenbügel. Das obige Stück stammt aus der Königlichen Manufaktur von Tulle, 1779, Typ 2.

Die Marine des 1. Kaiserreichs ist mit einer Steinschloßpistole ausgerüstet, die sich seit dem Beginn der Reglementierung kaum verändert hat. Dieses Stück läß die Herkunftsbezeichnung „Manufacture impériale de Saint-Etienne" deutlich erkennen. Kennzeichen für den Marinegebrauch sind die Pfanne aus Bronze und ein Riemenbügel.

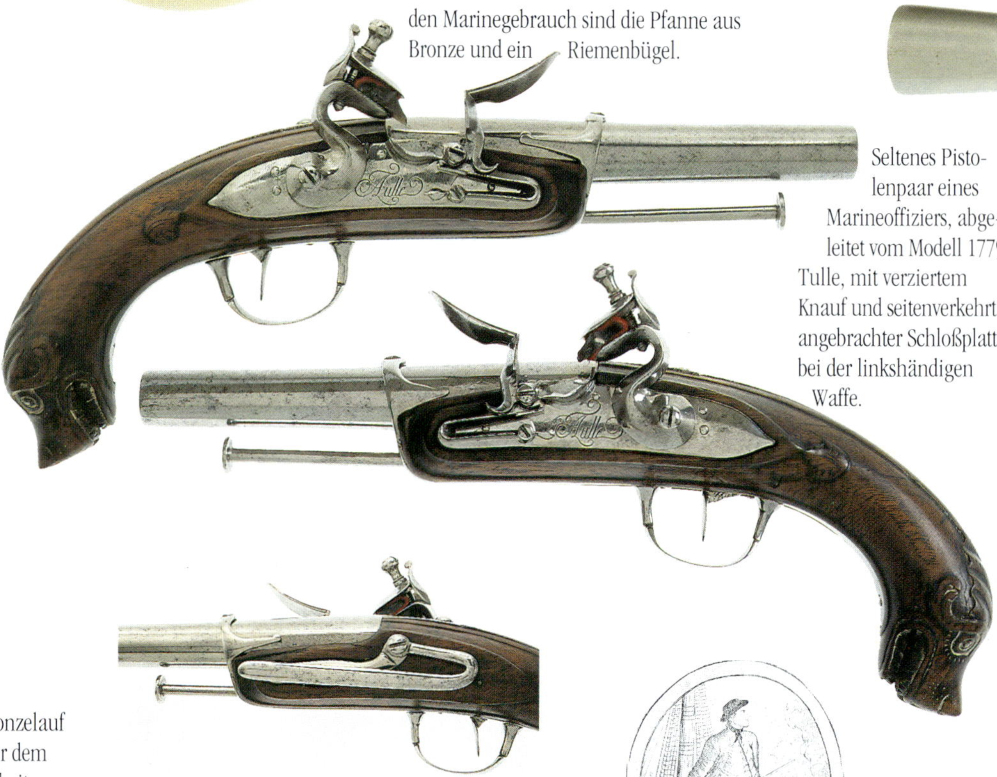

Seltenes Pistolenpaar eines Marineoffiziers, abgeleitet vom Modell 1779, Tulle, mit verziertem Knauf und seitenverkehrt angebrachter Schloßplatte bei der linkshändigen Waffe.

Steinschloßpistolen-Paar mit Bronzelauf und versilberten Beschlägen, 18. Jh. Sehr kunstfertig von einem privaten Büchsenmacher ausgeführte Waffen für einen Marineoffizier.

Kleine Steinschloßpistole, 18. Jh., mit Bronzelauf Typ Tromblon mit Mündungswulst, unter dem Lauf beiklappbarem Bajonett und Sicherheitsblockierung des Hahns in geladenem Zustand.

Detail vom Gegenblech der rechtshändigen Waffe mit dem Riemenbügel.

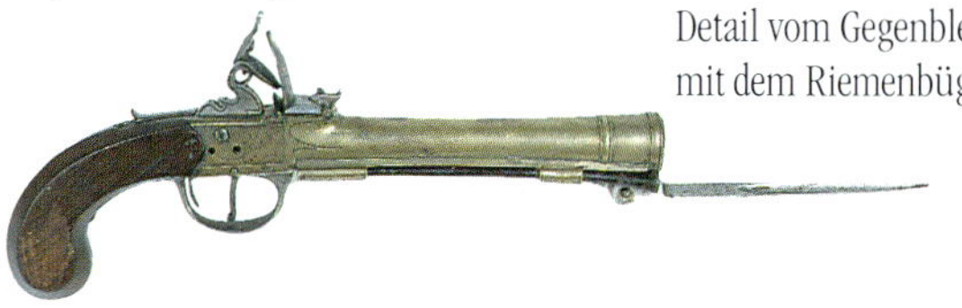

◄ Pistole Modell 1837, Manufaktur Tulle, ist die erste spezielle Marinepistole mit Schlagbolzen, also nicht vom Steinschloß umgerüstet. Man beachte den Schaftring mit Kappe und den unverlierbar befestigten Ladestock, eine Stockführung, die später von der Kavallerie und besonders von der Gendarmerie übernommen wurde.

Auch Freibeuter hatten ihre Lieblingswaffen: „Duckfoot", Tromblonpistolen, doppelte und Dreifachläufe und schließlich die zuverlässigen Offizierswaffen, die ebenso schön und schwer wie Duellpistolen waren.

Diese Marinepistole der Manufaktur Tulle, Modell 1822, ist vom Steinschloß auf Schlagbolzen umgebaut. Batterie und Zündpfanne sind entfernt worden, an ihrer Stelle sitzt ein Schlagbolzen (Piston), der auf das Zündhütchen stößt; der Hahn ist durch einen mit Hammer ersetzt worden. Man beachte den kuriosen Ladestock, dessen vorderes Ende als Pulvermaß und Kugelkelle dient. ▼

Tromblonlauf und Schaft aus Bronze geben dieser Pistole einen Geruch von Freibeuterei. Es handelt sich aber um eine Marine-Signalpistole, Ende 19. Jh., aus der bekannten Büchsenmacherei Webley & Scott.

Ein sehr schönes Stück, System Jahr XII, aus der Königlichen Manufaktur Mutzig. Ein „T bis"–Modell, also mit gezogenem Lauf, auf Schlagbolzen umgerüstet und mit Visierkorn ausgestattet.

Diese modernisierte Waffe hat ebenfalls ein Korn auf dem Lauf, was auf eine Präzision schließen läßt, die man angesichts der geringen Reichweite der Pistolen dieser Zeit allerdings bezweifeln kann.

DAS SCHWARZE PULVER

Seeschlachten, Salutschießen, Ehrensalven, Startschüsse bei Regatten, Signalschüsse bei Seenot, Nebelkanonen … Die Marine liebt Begriffe, die etwas mit dem schwarzen Pulver zu tun haben. Einzig zum Dienst an diesem chinesischen Cocktail aus Schwefel, Holzkohle und Kalisalpeter wurden im Laufe der Zeit ganze Arsenale voller Krachmaschinen erfunden. Ohne Pulverdampf konnten sich auch die Maler früherer Jahrhunderte kaum die Seestücke vorstellen, auf denen sie die Schiffe ihrer Zeit in Aktion abbildeten.

Das ist nicht Münchhausen, sondern ein Matrose des Panzerkreuzers STRASBOURG auf einer Kanone mit Mündungsschoner aus polierter Bronze.

Regattakanonen gibt es erstaunlicherweise schon so lange, daß die ältesten Stücke noch Vorderlader waren, die mit Hahn und Zündhütchen gezündet wurden.

Dies ist ein echter Zweipfünder, der aber auf der Brücke von Segelschiffen als Alarmkanone verwendet wurde. ▼

Ohne Nummer oder Herkunftsmarkierung: Ein Tromblonstutzen mit Steinschloß und angesetztem Bajonett, das hier ausgeklappt ist.

Nach dem Abschuß bricht diese Kettenkugel in zwei Teile auseinander und zerfetzt Segel und Tauwerk. ▼

Eine Marine-Muskete, System Jahr XIII, mit Steinschloß, hergestellt in Saint-Etienne.

Stangenkugel, eine Art Hantel, die auch Spieren und Masten brach.

Am besten bekannt sind die Gewehre nach Reglement, die schweren, mehrläufigen Gewehre, die nur zum Feuern aus den Marsen verwendet wurden, und die Gewehre der Flibustier und Sklavenhändler. Hier sind einige andere Typen zu entdecken, die auf Schiffen früherer Zeiten gebräuchlich waren.

"Souvenir aus Martinique", Kokosnuß, die durch eine Messingtülle zum Pulverhorn umfunktioniert wurde. ▶

Ein Zündstock war ▶ unersetzliches Hilfsmittel des Kanoniers; mit ihm übertrug er das Feuer von der Lampe auf die Zündschnur.

▲ Ein Granatwerfer mit Steinschloß, signiert Boand, Genève (Genf). Man erkennt Hahn mit Spannschraube (aber ohne Feuerstein), Batterie mit Feder und Pfanne mit Zündkanal, alles auf der Schloßplatte montiert.

Diese Zielvorrichtung, die in die geladene Mündung gesteckt und mit einem Lot versehen wurde, diente zum Ausrichten der Kanone.

Dieses kostbare Etui ▶ enthielt genau die Pulverladung einer Kartusche; einer der Kanoniere mußte während eines Gefechts damit unzählige Male den Weg zwischen Pulverkammer und Batteriedeck zurücklegen.

Signalkanone, die auf dem Schanzdeck zu montieren war. Signiert Moreau Bayonne.

DIE UNIFORM

Eine Uniform verschafft Ansehen, heißt es. Doch dauerte es Jahrhunderte, bis den buntscheckigen, dickköpfigen Sailor-Truppen, die oft genug erst die Drohung des Bootsmanns mit der neunschwänzigen Katze zu gleichmäßiger Arbeit antrieb, einheitliche Uniformen verpaßt wurden. Zunächst einmal bekamen die Offiziere Uniformen, weil ästhetisch veranlagte Admirale es so wollten. Auch der Offiziershelm hatte seine Moden. Und die einfachen Seeleute wahrten ihre Individualität, indem sie die Mütze mit dem roten Pompon kess aufs eine Ohr rückten.

Auch Uniformen sind dem Wandel des Geschmacks unterworfen und insofern auch Kennzeichen bestimmter Zeitabschnitte oder sogar Ausdruck einer bestimmten Lebensart.

Patronentasche mit Schulterriemen eines französischen Matrosen auf Wache, 1. Kaiserreich. Die Klappe ist mit Anker, gallischem Hahn und Eichenblatt verziert. Das sind begehrte Sammelobjekte, ebenso wie Koppelschlösser, Halsschilde und Uniformknöpfe.

Helm der Linienschiff-Besatzungen um 1830. Ein Stück aus Leder, Messing und Federbusch für die Elitetruppe der Marine.

Hut aus gekochtem Leder der Matrosen der Handelsmarine. Das Gegenstück in der Kriegsmarine hat meist ein runderes Kopfteil und einen breiteren Rand mit Band.

Für uns sind dies „Antiquitäten", doch die Nachkommen ihrer Träger halten sie meist in hohen Ehren. Solche Stücke haben den Vorteil, daß sie mit großer Sicherheit weite Reisen mitgemacht haben oder bei großen Gelegenheiten getragen wurden.

Die französische Matrosenmütze mit dem roten Pompon ist heute noch auf der ganzen Welt bekannt. Die gerade, weiche Form von 1914 vergrößerte sich 1939 und wurde mit einem Kinnband ausgestattet. Über den Ursprung des

berühmten Pompons weiß man immer noch nichts, aber es heißt, ihn zu berühren, bringe Glück.

Unter anderen zwei seltene Mützenbänder: vom Paketboot NORMANDIE und von der BELEM, das die Matrosen dieses Dreimasters, der heute Schulschiff ist, tragen mußten, als es als Kriegsschiff eingezogen wurde.

Seit dem Kaiserreich gehörte zur Prunkuniform des Offiziers ein Zweispitz, der je nach Rang geschmückt war. Dieses Stück prangte um 1890 auf dem Kopf eines Admirals.

Galauniform eines Fähnrichs zur See um 1900. Nur nach aufmerksamer Lektüre des komplexen Reglements kann man eine gewisse Gespreiztheit dieses jungen Offiziersanwärters daran erkennen, wie er seine Fangschnüre trägt.

Auf See wurde der Zweispitz in einem tragbaren Holzkoffer verstaut. Nur im Hafen gehörte er ebenso wie Epauletten und Säbel zur Standarduniform.

In Galauniform auf der Hütte eines Dreideckers während einer Flottenparade.

Typische Messer, wie sie Matrosen der Neufundlandfischerei selbst herstellten. Links: Takelmesser; die anderen: Matrosenmesser. (Solche Messer werden auch heute noch verkauft.)

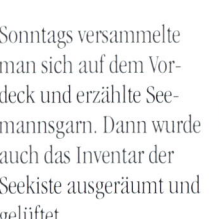

Sonntags versammelte man sich auf dem Vordeck und erzählte Seemannsgarn. Dann wurde auch das Inventar der Seekiste ausgeräumt und gelüftet.

Ein ausgehöhlter und mit Schnitzereien verzierter Pottwalzahn. Boden und Deckel mit Schließe und Zierrat aus Silber. So wurde aus dem Zahn ein Tabaksbehälter. Jedoch ist dies wohl keine Seemannsarbeit. ▶

Links ein roher Pottwalzahn. Er wird geglättet und verfeinert (rechts), und dann fragt man sich wohl lange Zeit, was man damit anfangen kann. Künstlerisch Veranlagte gravieren Bootsszenen oder Sprüche hinein; praktisch Veranlagte machen „nützliche" Dinge daraus, Teigrädchen, Wäscheklammern, Würfel oder eben auch eine Tabaksdose.

Sie hießen „Jungfrauen von Neufundland". Man konnte sie in den Häfen kaufen oder fertigte sie auch selbst aus Zahnbein oder Knochen, dem Elfenbein des Seemanns, an. Ein „Schilderhäuschen" oder eine Dose schützte sie vor der rauhen See ebenso wie vor dem Spott der anderen Matrosen. Nur nachts hielt sie der Seemann in seinen schwieligen Händen und widmete ihr fromme Litaneien.

SEEKISTEN, SEE-SÄCKE UND WAS DARIN IST

Sicher waren in den Seekisten vor allem alltägliche Dinge wie ein paar rote Unterhosen und Hemden, die Landgangskleidung mit schwarzer Schleife und Halbschuhen, ein Nähetui und Briefpapier. Daneben aber auch das, was wir suchen: ein Paar angerauchter Pfeifen, die schon mehrere Reisen mitgemacht haben, eine Medaille mit frommem Motiv, zugesteckt von der ängstlichen Frau, Briefe und andere Andenken, ein Messer, ein amerikanischer Boxhandschuh, eine Tabaksdose …

Am Ruder war Rauchen verboten, aber nicht das Tabakschnupfen, außer bei sehr schwerem Wetter oder wenn man hoch am Wind segelte.

Schnupftabakbehälter in allen Formen, auch als Offiziersmützen. Daraus nahm man die Prise während der Wache.

Pfeifen gehören zur Seemannstradition. Die meisten waren aus Meerschaum, manche mit Deckel, damit man sie bei Regen umdrehen konnte. Aber auch die weißen oder roten Tonpfeifen waren verbreitet, und wenn sie erhalten sind, dann nur deshalb, weil sie in ihren Kästchen aus Holz oder Metall aufbewahrt wurden. ▼

Ein kleiner, persönlicher „Gummiknüppel" für die Rotlichtviertel in den Hafenstädten, hier allerdings nicht aus Gummi, sondern aus Elefantenhaar oder den Barten der Wale, an den beiden Enden eine Bleikugel in fein geflochtenem Draht. Damit konnte man einen Bullen in den Traum schicken.

Besonderes Kästchen eines Bordchampions im Boxen. Inhalt: ein paar Boxhandschuhe und ein Zahnschutz.

Dies alles sind Dinge, die mit Sicherheit eine Reise um die Welt gemacht haben oder sogar an Bord hergestellt wurden.

Holzschuhe trugen Bauern und Küstenfischer schon immer; sie waren trocken und billig. Als es auf die Hochsee ging, lernten Matrosen bald, sie nach oben mit Schäften aus geöltem Segeltuch zu verlängern. Schließlich behielten sie sie sogar in den Wanten beim Segelbergen an.

Zu bestimmten Stunden wurden die Seesäcke inspiziert. Dann nahm man auch frische Wäsche und persönliche Dinge heraus, die man bis zur nächsten Inspektion brauchte. Anschließend wurden die Seesäcke wieder an ihren Bändseln an einem Haken unterm Decksbalken aufgehängt. Henri Gervèse hat diese familäre Bordszene nachempfunden.

◀ Die „Holzschuh-Stiefel" waren unter Seeleuten nicht besonders beliebt, nicht einmal bei den Heringsfischern der Nordsee. Sie rüsteten sich lieber mit hüfthohen Stiefeln aus starkem Leder aus, die von den Shipchandlern verkauft wurden. Sie sahen seemännisch aus – wie Ölzeug und Südwester.

Die Seekiste gehört zur Ausrüstung der Handelsschiffahrt, der Seesack zum Matrosen der Kriegsmarine, der sonst nur ein kleines Kästchen mit an Bord nehmen durfte.

Die Bootsmannspfeife ist untrennbarer Begleiter des „Meisters an Deck". Der Bootsmann verstand, damit für alle Arbeiten ein besonderes Signal zu pfeifen. Das unten gezeigte Stück entspricht dem üblichen Modell aus Messing. Der eigene Name und der des Schiffes wurden eingraviert.

Klappmesser und feststehende Messer mit Scheide wurden in allen Häfen verkauft. Aber Stücke, die Matrosen selbst an Bord herstellten, haben doch den größten Wert – wie dieses originelle Exemplar.

Natürlich gab es die Rachenkratzer, deren Kopf man bei Regen herumdrehen konnte. Aber dann war da noch die klassische holländische Tonpfeife, die sorgfältig in einem Etui aufbewahrt werden mußte.

Doch wirkliche Überraschung konnte man unter Rauchern mit einer Eskimopfeife oder einer Meerschaumpfeife erzielen, die auf Bestellung von einem Kunsthandwerker gefertigt wurden.

I n Seesack oder Seekiste wurde aller Besitz des Seemanns verwahrt: ein Messer, eine Pfeife, ein Nähkästchen, eine Tabaksdose. Was an Land fast wertlos war, bedeutete auf See einen Schatz.

Bebilderte Tücher waren sehr beliebt. Aus den Armeen sind solche mit Lehranweisungen bekannt, Seeleute liebten Tücher mit Erzählungen von Seeschlachten. War der Seesack gut gepackt, kam als Abschluß obendrauf ein solches Tuch.

Ein klassischer Holzschuh als Tabaksdose oder Schatzkästchen. Erst mußte die Lasche gedreht werden, dann kam der Deckel frei.

Einfache, handgefertigte Kerzenhalter eines Neufundlandfischers. Sie wurden in Bodenwrangen oder Balkweger gepiekt, um die lichtlosen Frachträume etwas zu erhellen.

Im Mannschafts-Logis eines Kabeljaufischers wartet die Freiwache auf besseres Wetter. Man sitzt auf seiner Seekiste und ißt mit dem Teller auf den Knien.

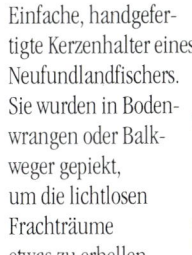

Der fast künstlerische Gebrauch der Bootsmannspfeife ist heute vergessen. Noch im 19. Jh. trugen Schiffsoffiziere solche langen Pfeifen aus Silber als Zeichen ihrer Befehlsgewalt.

DIE SEEKISTEN

Die Matrosen der Kriegsmarine durften außer ihrem Seesack nur ein kleines Kästchen für Privatdinge mit an Bord nehmen. Sie schliefen neben den Kanonen und hatten ihren Platz für diese im Ernstfall schnell freizumachen. Die Matrosen der Handelsschiffahrt und Hochseefischerei hatten dagegen ihre Seekiste, die am Fuß der Koje aufgestellt wurde. Sie war Fußtritt zum Einsteigen in die obere Koje und Sitzplatz bei den Mahlzeiten; denn lange Zeit gab es keine Tische. Solche Seekisten gab es bis zum Ende der Segelschiffszeit, also bis etwa 1930.

Die fünf Planken für das Unterteil dieser Seekiste sind ohne große Kunstfertigkeit zusammengesetzt. Sie wurden einfach zusammengenagelt, und außen kam ein wenig schwarze Farbe drauf. Innen ist das Holz naturbelassen, aber splitterfrei. Üblich ist die Trapezform – unten breiter als oben, wegen des besseren Stands. Der Deckel ist gewölbt, weil er so widerstandsfähiger ist, und wie üblich innen bemalt.

Wie die Matrosen hat ▶ auch der „First Mate", der 2. Offizier eines Walfängers, seine Seekiste, hier aber mit einem Fransendeckchen abgedeckt, auch einer Seemannsarbeit.

D ie Seekiste gehört unzertrennlich zum Matrosen auf Großer Fahrt und zum Neufundlandfischer. Sorgfältig zusammengefaltet, werden die Arbeits- und Landgangskleider hineingelegt.

Der Dorfzimmermann fertigte die Seekiste an, aber die Handgriffe waren Sache des Besitzers.

Üblich ist ein kleines Fach gleich unter dem Deckel, in das kostbare Dinge oder solche des täglichen Gebrauchs hineinkamen: Rasiermesser und -pinsel zum Beispiel.

Es gab keine Regeln für die Konstruktion der Seekiste. Ein Verschluß war allerdings anzuraten; es konnte ein Riegelschloß oder ein Vorhängeschloß sein. Der Deckel war platt oder rund, Hauptsache er war wasserdicht; den Boden hielten zwei Leisten vom feuchten Deck ab.

Die meisten dieser weit-
gereisten Seekisten
haben wahrscheinlich
später an Land als Holz-
oder Kohlenkiste ge-
dient, wenn nicht gleich
als Kleinholz zum
Feueranzünden. Einige
von denen, die überleb-
ten, zeigen aber noch
an Deckel und Griffen
Ansätze der ursprüngli-
chen Farbe.

Bei den Handgriffen
zeigt sich die Kunstfer-
tigkeit der Matrosen: Dies
ist ein Griff aus Kreuz-
katning und gewebtem
Katning; die Querstange
aus Eisen ist mit Türken-
bunden verziert.

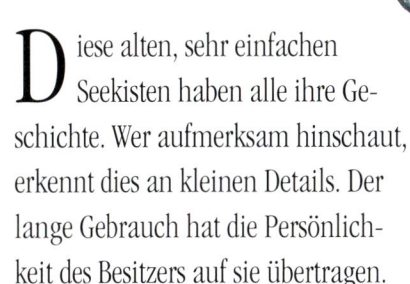

Diese alten, sehr einfachen
Seekisten haben alle ihre Geschichte. Wer aufmerksam hinschaut,
erkennt dies an kleinen Details. Der
lange Gebrauch hat die Persönlich-
keit des Besitzers auf sie übertragen.

Beim Fischfang war oft
die ganze Familie an
Bord. Daher stammen
solche „Doppel-Kisten".
Diese hier ist in zwei Ab-
teilungen unterteilt.
Jeder hat einen Schlüs-
sel für den gemeinsa-
men Deckel. – In der
Fischerei hat man sich
auch nicht sehr um die
Gestaltung der Hand-
griffe bemüht.

DIE MEDIZIN AN BORD

Seenot war das Schlimmste für den Seemann, aber gleich danach kamen wohl Krankheiten und Verletzungen. Dann war Beten manchmal besser, als auf die armselige Medizinkiste an Bord zu vertrauen. Solche Kisten gab es – für Arzneimittel, für die Chirurgie, sogar für die Zahnbehandlung –, ausgestattet mit Fläschchen und Instrumenten, wie sie das Reglement je nach Art und Größe der Besatzung vorsah. Aber Arzt, Chirurg, Apotheker? Dafür war der Kapitän zuständig, auch wenn er nichts davon verstand. Nur auf Paketbooten und Kriegsschiffen gab es ausgebildete Mediziner.

Ein Kästchen aus polierter Eiche aus den dreißiger Jahren mit hübschen Fläschchen, deren Inhalt verdunstet ist, obwohl sie noch immer mit den üblichen Häubchen aus gefaltetem Papier verschlossen sind.

Ein anderes Apothekerkästchen aus Mahagoni von einem Paketboot voller geheimnisvoller Fläschchen …

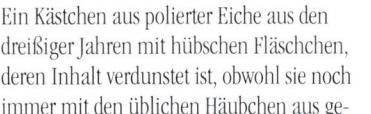

Die Möglichkeiten, Rat von Land über UKW-Funk einholen oder einen Kranken per Rettungshubschrauber in eine Klinik transportieren zu können, haben die Situation der Medizin auf See vollständig verändert.

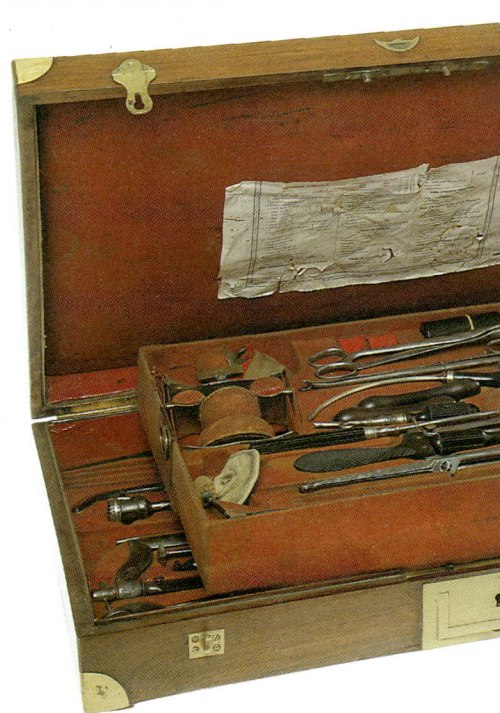

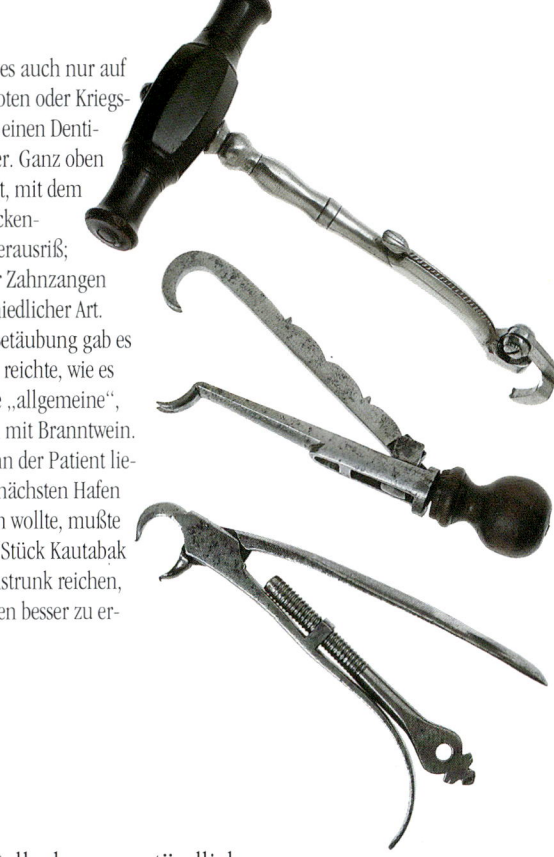

Das gab es auch nur auf Paketbooten oder Kriegsschiffen: einen Dentistenkoffer. Ganz oben ein Gerät, mit dem man Backenzähne herausriß; darunter Zahnzangen unterschiedlicher Art. Lokale Betäubung gab es nicht, es reichte, wie es hieß, die „allgemeine", nämlich mit Branntwein. Und wenn der Patient lieber den nächsten Hafen abwarten wollte, mußte ihm ein Stück Kautabak im Zahnstrunk reichen, das Leiden besser zu ertragen.

Medizinkiste eines Fischerboots. Die Machart ist etwas ganz Besonderes, und die Anordnung von Medizin und Instrumenten spiegelt die Wechselfälle des Lebens, die den Fischern auf den Neufundlandbänken begegnen konnten.

Anstelle der unverständlichen wissenschaftlichen Bezeichnungen hat man die Fläschchen in der Medizinkiste mit Ziffern versehen. Laut Buch sollte der Kranke etwas aus Fläschchen Nr. 5 bekommen, doch das ist leer. – „Gib ihm doch etwas aus 3 und 2," sagt Jean Marie, „dann geht es auch auf."

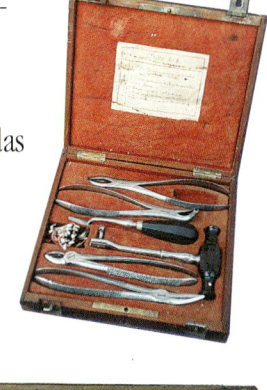

Dieser Chirurgenkoffer von einem Kriegsschiff aus den ersten Jahren des 19. Jahrhunderts war sicher nicht für jedermann gedacht. Im Einsatz: Die „leichten Waffen" für Nase, Augen, Ohren. Im Untergeschoß: Die „schwere Artillerie" aus Sägen, Trepanationsgerät, Skalpellen und Brenneisen, um das zu reparieren, was nach einer Seeschlacht Bord an Bord von den Menschen noch übrig war.

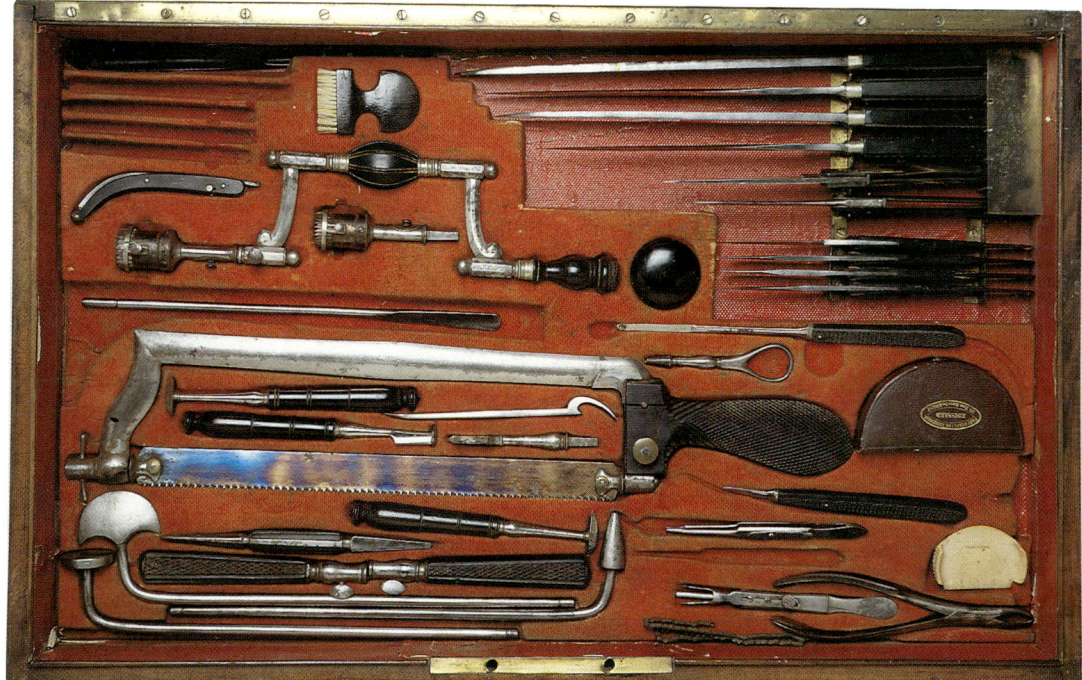

SEGELMACHER UND TAKLER

◄ Der „able seaman" auf diesem Pottwalzahn ist ein Vollmatrose, der auch Taklerarbeiten zu verrichten hatte. Dieser Seemann näht wahrscheinlich ein Liektau an das Segel (am Kopf).

Denkt man an die großen Segelschiffe, die früher alle Weltmeere befuhren, so muß man sich neben dem der Navigatoren wohl vor allem des Handwerks der Segelmacher und Takler erinnern; an Bord waren sie zumeist beides in einer Person. Ihre Werkzeuge sind unscheinbar und vergänglich. Wenn etwas davon überliefert ist, dann meist in einem Zustand, der die Abnutzung durch jahrelange tägliche Arbeit zeigt; denn schon lange werden Wanten nicht mehr gespleißt, sondern die Terminals auf der Walzmaschine gepreßt, und Segel nicht mehr mit der Hand, sondern auf der Zickzackmaschine genäht.

Beim Trensen werden ► die Keepen im Tauwerk durch dünneres Garn ausgeglichen; dann wird das Ganze mit Tuch umwickelt (Schmarten), das mit Marlleine festgehalten wird. Zum Schluß kommt die Kleedkeule (oben) zum Einsatz: Mit ihrer Hilfe wird Garn dicht und fest um das Tau herum gewickelt.

Zwei Segelmacher auf ihrer Bank, den Priem in der Backentasche. Auf gleichmäßiges Arbeiten und ebenmäßige Stiche kam es an. Bis zu 10 m Naht schafften sie in der Stunde.

Segelmacherhandschuhe, mit denen die dreieckigen Segelnadeln durch das Tuch gedrückt werden. Die schönsten waren aus Haihaut. Je nach Stichplatte sind sie zum Nähen oder zum Einlieken (Annähen der Liektaue ans Segel wie bei diesen beiden) geeignet.

Kopfteil eines Stagsegels aus Hanf. So wurden zur Zeit der großen Rahsegler Stag- und Stengestagsegel geriggt. Die Reputation des Segelmachers im Hafen und an Bord hing davon ab, wie lange die Kauschen am Liektau und dieses am Segel hielten.

Unsere Lehrer in der Seefahrtsschule sagten immer: „Schlechte Arbeiter, schlechte Werkzeuge." Diese Werkzeuge sind einfach, es kam auf die handwerkliche Geschicklichkeit an.

Zum Arbeiten in der Takelage brauchte man wenig Werkzeug: ein Matrosenmesser und einen Zampel aus Segeltuch, der an den Gürtel gehängt wurde.

Solche einfachen Segelmacherbänke traf man an Land wie an Bord. Da saß der Segelmacher meist schweigend, den Kopf über die Arbeit gebeugt. Nur in Schönwettergebieten zog er seine Bank auch einmal an Deck.

Links unterschiedliche Fitten, mit denen die Augen im Segel erweitert wurden, bevor man die Rund- oder Herzkauschen einsetzte. Meist waren es Geräte aus geglättetem Pockholz, die man ohne große Kraftanwendung benutzte. – Ganz links ein Stück, das nichts damit zu tun hat: eine aus Heideholz handgefertigte Ruderdolle für das Dory. Die Neufundlandfischer deckten sich vor der Abreise mit solchem Holz ein.

Werkzeugkiste zum Segelmachen, Takeln oder Kalfatern. Außer den üblichen Werkzeugen enthielt sie Werg, einen Pockholzfitt, ein Döschen mit Segelnadeln, einen kleinen Holzschlegel und viele kleine selbstgefertigte Werkzeuge, die die Arbeit erleichterten.

Die Naht, mit der zwei Tuchbahnen im Segel aneinandergenäht waren, wurde mit einem Glättstein (rechts) glattgestrichen.

Das beste Nadelkissen ▶ war ein mit Talg gefülltes Horn, das die Nadeln vor der Korrosion durch die Seeluft schützt. Mit rostigen Nadeln ließ sich schlecht nähen.

Liektaue anzunähen, war ein besonderes Stück Handarbeit. Hierbei mußte die Segelnadel ohne Auflage durch drei und mehr Lagen Tuch stechen und manchmal noch durch Leder, das die Segelecken vor dem Schamfilen schützen sollte.

Große Segeltuchtaschen für Segel- und Takelgarn, für Bankhaken, Nadelkästchen und Maßband, eine Lederschlaufe für ein Messer, Stechahlen, Marlspieker und Fitten in ihren Löchern – so sieht eine echte Segelmacherbank aus.

Zur Ehre der Matrosen gehörte es, alle Arbeiten an den Segeln und in der Takelage handwerklich gut ausführen zu können. Und ihre Belohnung? Die bestand in einer schnellen Heimreise ohne Komplikationen.

Die Takelage wird an Land vorbereitet. Das Tauwerk für die Wanten wird auf Länge geschnitten und über Böcke mit Taljen gestrafft. Dann erfolgt das Trensen, Schmarten, Marlen und Kleeden. Ein Moses reicht das Knäuel Schiemannsgarn bei jeder Umdrehung der Kleedkeule um das Tau.

KALFATERER UND
SCHIFFSZIMMERLEUTE

Im Kessel wurden die dicken Brocken Pech erhitzt, bis sie eine dickflüssige Masse waren. Mit dem Pechlöffel, der meist eine Gußtülle hatte, wurde sie dann in die Ritzen zwischen den kalfaterten Planken gegossen.

Solange es traditionellen Holzschiffbau gab, gehörten zwei Handwerker zu den wichtigsten: der Schiffszimmermann, der Rümpfe baute, die See und Stürmen widerstanden, und der Kalfaterer, der Rümpfe und Decks abdichtete, so daß See und Regen nicht in sie eindringen konnten. Ein sicheres Augenmaß und einfache Werkzeuge, bei denen es auf die Kunst der Handhabung ankam, waren für den Erfolg ihrer Arbeit verantwortlich.

Werkzeugkiste eines Schiffszimmermanns. Darin waren meist Werg, Kalfateisen und Kalfathammer, aber auch Werkzeuge für Takelarbeiten.

Flach- und Hohldechsel in einem (oben), universelles Werkzeug des Zimmermanns. Mit dem „Rabenschnabel" (ganz unten) wurde das alte Werg aus den Plankennähten herausgerissen. Mit Kalfathammer und Kalfateisen (darüber) wurde das neue Werg in die Nähte geschlagen; die Kalfateisen konnten scharf oder mit bis zu drei Rabatten ausgestattet sein. Links ein Gerät aus Holz mit Endstücken und Barten aus Messing zum Anreißen von Holz.

▲ Zur großen Zeit des Holzschiffbaus saßen wohl Tausende von Männern auf solchen Kisten. Auf dem Oberschenkel drehten sie das Werg zum Strang, um es dann mit Kalfateisen und -hammer, die sie in der Lade aufbewahrten, in die Plankennähte zu schlagen.

In der Kiste des ▶ Schiffszimmermanns findet man unter anderem: ein gerades Handbeil, verschiedene Hämmer, eine Nagelklaue, einen Greifzirkel, einen scharfen Dechsel, ein Bohrgestänge mit unterschiedlichen Bohreinsätzen.

Die Kiste eines Schiffszimmermanns von der Loire, ein Überbleibsel der Zimmermannskisten des Mittelalters. Seine Länge wird durch die Länge des Axtstiels, seine Breite durch die der Eisen bestimmt. Dies war die Visitenkarte des Arbeiters, deutete auf gut gewartetes Werkzeug, zugleich auf professionelle Arbeit hin.

▲ Der Kalfathammer „sang" bei der Arbeit. Das machten der Rhythmus der Schläge und der mit Eisenringen beschlagene Hartholzkopf.

Ein „Rabenschnabel" – der hier eher nach Albatros aussieht. Diese Eisen wurden nach Geschmack handgeschmiedet und dienten zum Herausreißen des alten Wergs aus den Plankennähten.

Praktischer Kessel mit Wasserbad, in dem das geschmolzene Pech flüssig gehalten wurde.

I m Holzschiffbau werden Rümpfe noch immer mit diesen traditionellen Werkzeugen gebaut und repariert. Bei Sperrholz, Stahl und Plastik tritt das Handwerk zugunsten industrieller Fertigungsweisen zurück.

◄ Eine Winde, mit der dicke Planken, zuvor im Dampfkasten mit heißem Wasserdampf schmiegsam gemacht, gebogen wurden.

Waffensammlung aller drei Künste: kleine Kleedkeule eines Taklers, Kalfathammer des Kalfaterers und Beitel des Schiffszimmermanns. ▼

In eine solche Schiffszimmermannskiste gehörten auch verschiedene Hobel, Sägen, Kratzer, Bohrer und Beitel.

Ein solcher großer, verzierter Stechzirkel gehörte sicher einem Meister-Zimmermann. Damit riß er an, was seine Gesellen ausführen sollten. Zwischen zwei Sternen steht die Signatur: „Piquet. F. P. Le Rau".

BESCHLÄGE

Yachteigner wissen es: Die Ausrüstung kostet noch einmal soviel wie der Rumpf, mehr noch bei Rennyachten. Lange Zeit waren auch Yachtbeschläge nur verfeinerte Varianten der rustikalen Ausrüstung der Handelsschiffe. Doch um 1870 entstanden die Winden, die Klampen und Stück für Stück weitere Beschläge, bei denen Messing und Bronze sowohl zur Dekoration wie zum Korrosionsschutz verwendet wurden. Dann all das Kupfer! Schöne Sorge des Bootseigners. Vielleicht besitzt in fünzig Jahren rostfreier Stahl die gleiche Attraktivität wie für uns heute all das unmodisch gewordene Kupferzeug.

Klampen, kleine ▲
Schwestern der Festmacherpoller, die die Kraft dicker Trossen auszuhalten hatten. Klampen aus Holz gab es vor allem auf den Fischerbooten. Oben zwei Yachtklampen, wie sie auf ein Teakdeck gehören; dazu benutzte man nur weißes Baumwolltauwerk.

Kleine, klassische, ▲ geteilte Klampe, hübsch und genial: Durch die Öffnung in der Mitte läuft das Ende, dem man Lose gibt, ohne zu verhaken aus.

Musterbrett eines Ausrüsters für den Yacht-Modellbau. Genauigkeit und Qualität sprechen für sich selbst. ▼

In der zweiten Hälfte des 19. Jahrhunderts entstanden die mit Ornamenten geschmückten Maschinen. Doch auf die Yachtausrüstung hatte das keinen Einfluß; sie entwickelte ihr eigenes klares und funktionelles Design.

Einscheibiger Klappblock mit am Hundsfott angeschlagenem Steert mit Handgriff, unentbehrliches Werkzeug für viele Arbeiten an Deck. Jedes Tau, das beigeholt werden sollte, konnte über die Klappe schnell eingelegt werden.

Ruderdollen aus der Zeit, als noch nicht jedes Beiboot einen Außenborder am Heck hatte. Diese Auflagen für die Riemen gibt es in unendlich vielen Formen und Materialien.

Auf den großen Segelschiffen riggte man schon vor der Ausfahrt Stag- und Stengestagsegel mit diesen robusten Lögeln aus feuerverzinktem Stahl.

Ein einfacher Wirbel, der auf See überall dort eingesetzt wurde, wo Enden und Ketten sich nicht verwinden sollten.

◄ Dieser Zweischeibenblock, an den ein Stropp mit Holzgriff und Rundkausch gespleißt ist, ist einzigartiges Überbleibsel aus der frühen Zeit der Retter aus Seenot. An die Kausch wurde eine Hosenboje gehängt, am Griff hielt sich der Gerettete fest; der Block lief über ein doppeltes Tau, das zwischen dem gestrandeten Schiff und dem Land gespannt worden war.

▲ Ein altmodischer Schotring für Yachten mit Drehreff. Er war nötig, wenn die Großschot nicht an der Baumnock saß. Hier wird die Schot durch den Bronzeblock (rechts) geführt. Die vier Rollen sind aus Pockholz; sie sollen das Baumwollsegel beim Eindrehen möglichst wenig beschädigen. Die Leine diente zum Justieren des Rings am Baum. Der breite Ring mit seiner starken Randleiste konnte allerhand aushalten. Messing und Bronze altern zwar kaum, doch schon ein kleiner Riß bedeutete ihr Ende.

Juffer aus Eschenholz. In der Keep lag das Want, durch die drei Augen wurde es zu einer zweiten Juffer hin durchgesetzt.
▼

Auf die Größe des Blocks kam es nicht an; schon ein kleiner Metallblock konnte einen großen aus Eschenholz ersetzen. Die Größe war nur abhängig von Durchmesser und Dicke der Scheibe, die dem Durchmesser des Tauwerks entsprechen mußte. Die Großsegler benutzten riesige Holzblöcke mit zwei oder drei Scheiben, um die Marsstengen in die Höhe zu ziehen. Also waren diese hübschen Messingbeschläge von vornherein nur für kleinere Yachten gedacht. Von oben nach unten: einscheibiger Block mit Wirbel; Block mit Hundsfott; offener Block; und eine historische Lippklampe.

◄ Eine Lippklampe mit Umlenkrolle (zweite von unten) wurde nicht weniger sorgfältig hergestellt als die Beschläge für die Einrichtung der Kajüte. Oben ein Türklemmer aus Messing, dessen Gegenstück fehlt. Darunter eine Gegenplatte, in die ein Gelenkhaken (ganz unten) hineinfaßte. Auf einem rollenden und stampfenden Boot auf See mußte schließlich alles besonders gut befestigt werden.

D ie Vielfältigkeit in den Katalogen der Shipchandler konnte einen schwindeln machen und verleitete wohl manchen auch dazu, mehr als zur Ausrüstung des Bootes nötig anzuschaffen. Es waren schöne Metallskulpturen, die heute oft als Briefbeschwerer das Büro schmücken.

LAMPEN UND LATERNEN

Weißes elektrisches Rundum-Ankerlicht, vorgesehen zur festen Montage auf dem Schiff.

Lampen erhellen den Raum, Laternen geben Signale. Bevor es elektrische gab, führte man Lampen mit offener Flamme (Öl, Wachs, Petroleum) mit. Doch angesichts des mitgeführten Pulvers war das offene Licht gefährlich; so war es an Bord zunächst selten. Die Navigationslaternen waren bis zum Ende des 19. Jahrhunderts kaum mehr als Kutschenleuchten; dann erst kam nach schwerwiegenden Schiffskarambolagen bei Nacht ein erstes Reglement über die Lichterführung auf. Bald wurden dann die Fresnellinsen der Leuchttürme auch auf Schiffen eingeführt und verbesserten die Sichtweite der Laternen.

Dreifarbenlaterne für ▶ Petroleum mit dem Schild eines bekannten Herstellers. Nach ihrer Art eine Sturmlaterne, vorgesehen für kleine Schiffe. Da der Petroleumruß die Gläser verdunkelte, mußten sie regelmäßig geputzt werden.

Rote Seitenlaterne für Backbord, elektrisch mit Fresnellinse. Eine solche Laterne aus Kupfer ist heute schon klassisch.

Diese Petroleumlampe wurde an Land verwendet. Sie war aus Kupfer oder Messing, das Glas oft verziert.

Doppeltes weißes Hecklicht, elektrisch, das über einen Sektor von 12 Strich (135°) strahlt. Fiel die eine Birne aus, schaltete sich automatisch die andere an.

Blaues Glas für die Steuerbordlaterne: Zusammen mit dem gelben Schein des Petroleums ergab sich das vorschriftsmäßige grüne Licht. Die Backbordlaterne war rot.

Elektrische Steuerbordlaterne mit Fresnellinse für ein großes Schiff. Es scheint über 10 Strich (112,5°) von recht voraus bis 2 Strich achterlicher als querab.

Ein rotes Rundumlicht. Zwei solcher Lichter übereinander signalisieren, daß das Schiff manövrierunfähig ist.

Eine Petroleumlampe für die Brücke, Ende 19. Jh., Modell der französischen Kriegsmarine.

Eine robuste Kuppel aus Bronze oder Stahl an jeder Seite des Backdecks schützte auf den großen Segelschiffen die Positionslichter. Diese Lichter konnten übrigens geschützt von unten angebracht und entzündet werden.

Petroleum-Seitenlicht für Segelschiffe mit „Sturmhaube". Am Schriftzug – hier holländisch „Steuerbord" – konnte man gleich erkennen, ob es sich um die Backbord- oder die Steuerbordlaterne handelte.

Diese derbe und robuste Dreifarben-Petroleumlaterne eines Fischerboots hat offensichtlich manchen Stürmen standgehalten. ▼

Wie die Navigationsinstrumente mußten die Petroleumlampen und -laternen in regelmäßigen Abständen auseinandergenommen, gereinigt und poliert werden. Das war aus Sicherheits- und Geschmacksgründen nötig.

Weiße Topplaterne eines Dampfers mit Fresnellinse. An zwei Drähten, die durch die Ösen aus Bronze liefen, wurde sie geführt und am Bügel nach oben gezogen.

Eine erstaunliche russische Petroleumlaterne, ausgerüstet mit einer Vorrichtung, mit der die Linse zum Morsen ab- und aufgedeckt wurde.

BALJEN, TONNEN, TANKS

So wie ein „Ende" ein Tau, ein Fall, eine Schot sein kann, ist eine „Balje" ein Eimer, Bottich oder eine Boje; und eine „Tonne" ein Faß, eine Maßeinheit oder eine Fahrwassertonne; eine „Dose" ist allerdings nichts als eine Dose, ebenso ein „Tank". Alles dies hat in der Seefahrt Sinn und Nutzen. Früher wurde alles in Tonnen gemessen: feste und flüssige Nahrung, Kleider, Waffen, Fracht. Das Raummaß einer Tonne zu 100 Kubikfuß (2,83 m³) war die Maßeinheit für die Frachträume und als Registertonne die Einheit zur Vermessung der Seeschiffe.

Statt mit Wachposten wurde das Wasserfaß manchmal von einem Vorhängeschloß gesichert – wie bei diesem Hahn aus Messing.

Für jede Art der Tonne gab es das entsprechende Holz; Reifen und Beschläge waren oft aus Messing (!).

Eine typische Wasserbalje, ein 7-Liter-Eimer für die Wochenration an Waschwasser des Matrosen auf großer Fahrt. Morgens kam Seewasser hinein, mit dem das Deck geschrubbt wurde.

An Ratten, Asseln und Würmern wimmelte es nur so an Bord. Um den Schiffszwieback vor ihnen zu sichern, war die Kombüse mit solchen „patentierten" Kästen ausgestattet.

Der lederharte Schiffszwieback war manchmal – wie auf diesem russischen Stück – mit eleganten Dekorationen verziert.

Solche merkwürdigen Kessel gab es nur auf Walfangschiffen. In ihnen wurde der Walspeck geschmolzen. Ein englisches Modell.

Wie der Schiffsrumpf mußten Tonnen und Fahrwassertonnen nach allen Seiten dicht sein. Die Feuchtigkeit, die überall hinreichte und das Holz quellen ließ, sorgte dafür.

Eine Fahrwassertonne alter Art. Oben war eine Stange mit einer Flagge angebracht.

Dies ist nicht das Rumfläschchen eines Bernhardiners, sondern wahrscheinlich ein Schwimmer, der an einem Treibnetz angebracht wurde.

In solchen Dosen waren die Überlebensrationen der Fischer auf den Neufundlandbänken. Wasser- und Zwiebackdosen wurden zwischen den Bodenwrangen verkeilt.

Solch ein Wasserfaß wurde auf dem Oberdeck der großen Segelschiffe vertäut. Manchmal war es auch oval und stand dann auf Klampen, damit es nicht wegrollte. Es enthielt die Tagesration Trinkwasser für die Mannschaft.

71

TRUHEN UND ANDERE SCHMIEDEARBEITEN

Geldtruhen aus Eisen, eigentlich echte mobile Geldschränke, wurden zuerst an Land, dann aber auch auf Schiffen verwendet, als Heller, Gulden, Taler und Franken aus Gold das wesentliche Zahlungsmittel waren. Diese Truhen waren zwar transportabel, wurden aber zur Sicherheit am Boden der Kapitänskajüte verbolzt.

Nötig waren zwei solide Tragegriffe an den Längsseiten und an der Vorderseite zwei schwere Überfälle, die über Augen am Deckel griffen.

Dann wurde durch die beiden Augen eine Stange gesteckt und durch ein Vorlegeschloß gesichert.

Diese Rosette am Vorderteil der Truhe täuscht ein Schlüsselloch vor; doch ein Schlüssel paßt hier nicht hinein. Das Schlüsselloch sitzt tatsächlich in der Mitte des Truhendeckels und wird erst sichtbar, wenn man einen Riegel verschiebt.

Das Blech der Kiste ist durch aufgenietete Bänder verstärkt. Die heiß aufgeschmiedeten Griffe sind nicht zu entfernen; innen sind sie umgebogen, damit sie horizontal stehenbleiben, wenn die Truhe angehoben werden soll; so quetschen sich die Träger nicht die Hände. Vier Löcher im Boden deuten an, daß es sich um eine Schiffstruhe handelt.

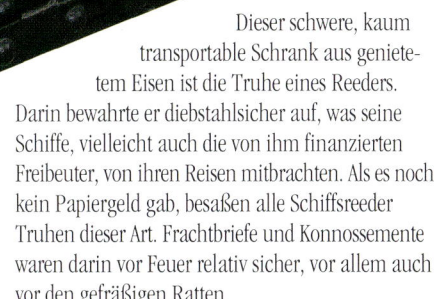

In den Abenteuererzählungen werden diese Truhen oft „Schatzkisten" genannt. Offiziell heißen sie „Nürnberger Truhen", aber nicht alle sind auch tatsächlich aus Nürnberg. Sie wurden ebenso in Spanien und Italien und manchmal auch in Frankreich hergestellt.

Ein schwerer Deckel verschließt die Truhe. Fällt er unversehens zu, kann er die Finger brechen; deshalb wird er mit einer beweglichen Eisenstange offengehalten. Hinter der Schmuckplatte aus einem Stück Eisenblech verbirgt sich ein Schloß mit acht oder zehn Riegeln. Truhe und Deckel sind oft mit Blumenornamenten bemalt.

Dieser schwere, kaum transportable Schrank aus genietetem Eisen ist die Truhe eines Reeders. Darin bewahrte er diebstahlsicher auf, was seine Schiffe, vielleicht auch die von ihm finanzierten Freibeuter, von ihren Reisen mitbrachten. Als es noch kein Papiergeld gab, besaßen alle Schiffsreeder Truhen dieser Art. Frachtbriefe und Konnossemente waren darin vor Feuer relativ sicher, vor allem auch vor den gefräßigen Ratten.

Die Schlösser mit ihren vielen Riegeln, die von einem Zentralschloß aus bedient wurden, mußten wohl regelmäßig gefettet werden, um der Korrosion widerstehen zu können. Da man nicht sicher sein konnte, daß sie wirklich schlossen, wurde der Deckel mit zusätzlicher Stange und Vorlegeschloß gesichert.

Der infame Handel mit „Ebenholz", der Sklavenhandel, trieb die Schmiede in den Ausgangshäfen zu weiteren Leistungen. Mit vielfältigem Eisengerät, das einem heute noch einen Schauder über den Rücken jagt, rüsteten sich die Schiffe aus, bevor sie zur Küste Afrikas und weiter nach Amerika lossegelten.

SCHIFFSGLOCKEN UND NEBELHÖRNER

Wie dunkel oder neblig es auch sein mag, wie unaufmerksam die Wache ist – Geräusche, die eine Gefahr andeuten, nimmt man auf See noch am ehesten wahr: Pfeifen, Nebelhörner, Glocken, Gongs, Kanonenschüsse usw. Mit allen diesen Geräten werden schon seit den frühesten Zeiten der Seefahrt Tonsignale gegeben. Schiffsglocken und schließlich auch sonst benutzt: zeigten die volle Stunde Bootsmannspfeifen wurden zwei Glockenschläge an, Pfeifen und Hörner Manöver, die sagen:

„Ich drehe nach Steuerbord", oder „Ich fahre achteraus".

B ei den Kirchenglocken schwingen die Glocken selbst und schlagen gegen den Klöppel. Bei der Schiffsglocke wird umgekehrt der Klöppel mit dem fein geknoteten Glockenstrang gegen die Glocke geschlagen, die in der Regel senkrecht hängen bleibt.

Lange Zeit, bis ins 18. Jh., wurde die Schiffsglocke wie eine Kirchenglocke aufgehängt: an einem Querbalken zwischen zwei mit einem Rundbogen gekrönten Säulenpaaren. Doch hier hielt der Querbalken die Glocke starr, und nur der Klöppel bewegte sich.

Glockenstränge waren ▶ das schönste und üblichste Übungsstück für das „fancywork" der Seeleute. Alle Arten von Zierknoten können hier eingesetzt werden: geflochtene Knoten, Türkenbunde, Katnings usw.

CORNES A BRUME

Nº 28. **Corne à brume** à manivelle, pour voiliers, avec une clef et une anche de rechange. (Fig. 7).
Prix : la pièce

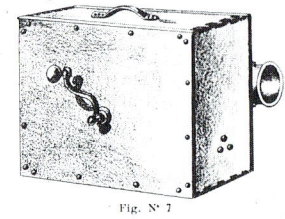

Fig. Nº 7

Nº 29. **Corne à brume** à levier, grand modèle, pour phares et voiliers, avec pavillon tournant dans le plan horizontal, donnant des sons continus et alternatifs, poignée à douille démontable avec une anche de rechange et une clef. (Fig. 8).
Prix : la pièce . . . .

Long. 0.98

Fig. Nº 8

Nº 30. **Anche de rechange** pour corne, Fig. 7, prix . . .
Anche de rechange pour corne, Fig. 8 et 9, prix. . .

Eine Erfindung der Fischer auf den ewig nebligen Neufundlandbänken: Sie waren es leid, dauernd in ihre Muscheln zu blasen, und entwickelten ein solches mechanisches Pumpnebelhorn, das bald zur Standardausrüstung aller Schiffe und Hochsee-Fischerboote gehörte.

Mit dem Mundmegaphon entwickelte sich eine eigene Sprache. Ganze Worte, Silben, vor allem Vokale wurden verlängert, um sich besser verständlich zu machen. Mit den mechanischen Nebelhörnern (rechts) mußte unter Fahrt alle zwei Minuten ein langer Ton abgegeben werden; das obere mit Kurbel, das untere mit Hebel und horizontal drehbarem Horn.

Für unchiffrierte laute Befehle ist die „Flüstertüte", das Mundmegaphon, am besten geeignet. In der Kriegsmarine gehörte es zur Ausrüstung des Wachoffiziers, war aber auch auf allen Handelsschiffen und Fischerbooten vorhanden.

Wer dies für eine Kettenklüse hält, liegt falsch. Dies ist das Mundstück eines „Bordtelefons", bevor es Telefone gab: Auf der Brücke waren solche Geräte installiert, und die Tuben führten zu den verschiedenen Decks oder in den Maschinenraum. Kapitän oder Wachoffizier gaben dadurch Anweisungen. Bei Nebel wurde das Gerät verschlossen, weil andere Geräusche zu hören wichtiger war.

Solche Pumpnebelhörner mit ihrer einfachen mechanischen Luftkompression sind sogar heute noch (für den Einsatz in Rettungsbooten) zugelassen; gelegentlich findet man sie auch noch bei Gleisarbeiten der Eisenbahn. Das Horn war oft vertikal schwenkbar. Solche schönen Stücke aus massivem Messing sind, besonders wenn das Schild mit Herstellerangaben noch vorhanden ist, durchaus sammelnswert.

D ie ersten Hörner waren große Muscheln. Davon ausgehend entwickelten sich das Megaphon, das Mund- und das Pumpnebelhorn, schließlich die Signalpfeife für Manöver und die Dampfpfeife für Signale.

Ein klassisches Modell der akustischen Röhre. Mit der Pfeife gab der Wachoffizier auf der Brücke das Signal zum Zuhören an den Maschinenraum, wo die gleiche Einrichtung noch einmal vorhanden war. Der Maschinist legte dann sein Ohr an den Trichter, um die Befehle verstehen zu können, und war froh, wenn nicht ein Scherzbold oben eine Tasse Wasser hineingegossen hatte.

KUPFER UND MESSING

Für diese schönen Objekte müßte man eigentlich einen passenderen Titel erfinden. Aber was dachten die Matrosen davon, die immer wieder aufs neue mit Lappen und Putzmitteln daran herumwischen mußten, bis alles blitzte? Jedenfalls markiert das Kupfer eine Epoche, in der es folgsame Mannschaften im Überfluß gab. Davon geblieben sind noch gelegentliche Kompaßhäuschen, Bullaugen usw. – Dinge aus einem quasi unzerstörbaren Material, das aber ständig gepflegt werden mußte.

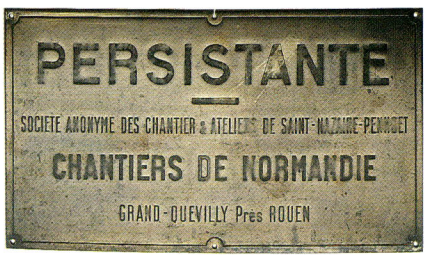

Solche Schildchen mit Wappen und Schiffsnamen wurden wohl Kapitänen und Offizieren von Kriegsschiffen verliehen. Beim oberen ist eine Korrektur anzubringen: Das Schiff hieß nicht LAPEROUSE, sondern LA PEROUSE.

Holzmodell für Bullaugen. Nach diesem Modell wurden die Gußformen für die Schiffsfenster angefertigt. Hier ein Bullauge mit Seeschlagblende.

Mit solchen Plaketten verewigte sich die Herstellerwerft auf Schiff oder Maschine. Es war nicht nur Werbung; war die Maschinennummer bekannt, wurden Reparaturarbeiten erleichtert.

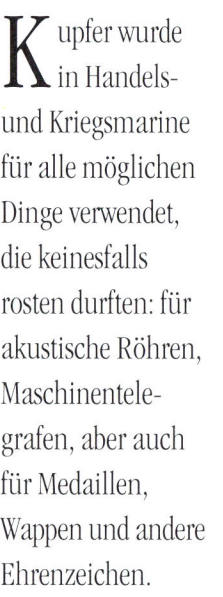

Kupfer wurde in Handels- und Kriegsmarine für alle möglichen Dinge verwendet, die keinesfalls rosten durften: für akustische Röhren, Maschinentelegrafen, aber auch für Medaillen, Wappen und andere Ehrenzeichen.

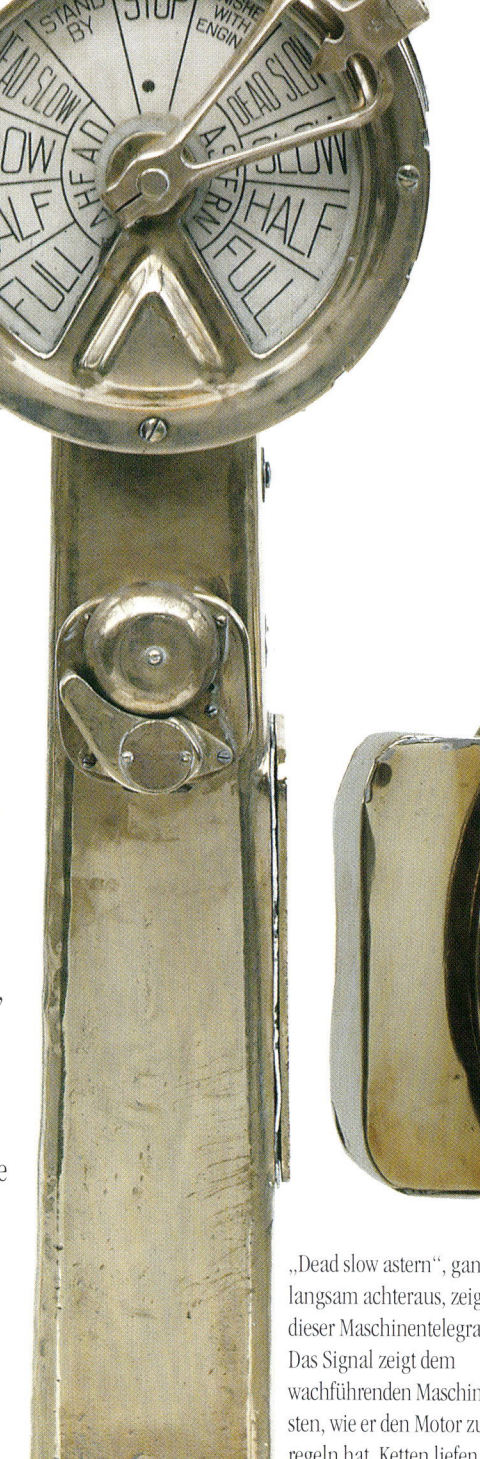

„Dead slow astern", ganz langsam achteraus, zeigt dieser Maschinentelegraf. Das Signal zeigt dem wachführenden Maschinisten, wie er den Motor zu regeln hat. Ketten liefen durch Säule und Boden und übertrugen die Stellung des Hebels auf das Empfangsgerät. Die Säule konnte dabei dicker oder dünner sein (links).

Eine Platte mit Hinweis auf eine japanische Werft

„Chadburn" war der Markenname für Schiffstelegrafen überhaupt. Die Anzeige beweist, daß ein Mr. Chadburn tatsächlich gelebt hat.

Ein Robinson-Telegraf aus Liverpool, offensichtlich aus den zwanziger Jahren. Die Anzeigen – volle, halbe, langsame oder ganz langsame Fahrt voraus oder achteraus – mußte der Maschinist auslegen und richtig einschätzen.

Diese Scheiben mit verschlüsselten Ornamenten waren keine Medaillen, sondern dienten als Verschlüsse für Kanonenmündungen.

Die Zeichnung von Millot-Gervèse zeigt das ganze Personal einer Wache auf See. Das blankgeputzte Kupfer und Messing ist unübersehbar, ebenso die frierende Haltung der Wache.

Der kleine Zeiger macht deutlich, daß dieser russische Chadburn-Telegraf eben noch auf „srednii piered", halbe Fahrt achteraus, stand und gerade auf „stop" umgelegt wurde. Gleich folgt der kleine Zeiger nach und bestätigt damit den Befehl.

Echte und nachgemachte Bullaugen, die für seegehende Schiffe zu schwach sind. Der Sammler hüte sich vor Kopien aus Asien.

77

FISCHEREI-GERÄTE

Die meisten dieser Geräte, sogar die des Hochseefischfangs, waren wohl zu unscheinbar, um rechtzeitig das Interesse von Sammlern und Museumsleuten auf sich zu ziehen; sie verschwanden im Abfall oder Schrotthandel. Doch was mehr oder weniger zufällig erhalten blieb, ist voller Geschichte, zeigt die Zeichen der Arbeit und erzählt vom täglichen Leben auf See – wenigstens für Beobachter, die sich für Geräte und Techniken des Fischfangs interessieren. In ihnen wird eine ganze Epoche wieder lebendig.

▲ Wie eine Ruderrolle wurde diese Rolle aus Holz auf dem Dollbord der Dories befestigt. Darüber konnte man die Fischleine auslaufen lassen und einholen.

Ein aus Weide geflochtener Fischkasten für Garnelen (ca. 1900). Er war mit Steinballast versehen und hing an der Schiffsseite unter Wasser, damit der Fang bis zur Rückkehr in den Hafen frisch blieb.

Fischkasten eines Strandfischers von der Insel Noirmoutier.

In Europa wie in den USA besaß wohl jedes Walfänger-Haus solche eindrucksvollen Walwirbel (rechts); schöner war noch eine Zeichnung mit Walfangmotiv auf dem Kieferknochen eines Pottwals (unten).

◄ Messer zum sofortigen Bearbeiten des Kabeljaufangs vor Neufundland. Von links nach rechts: ein Stichmesser zum Öffnen des Fisches; ein Schnittmesser zum Halbieren des Fisches; und ein Schabemesser zum Ausnehmen des Fisches.

Von oben nach unten: ▶ ein Dregganker zum Auffischen verlorener Trossen; zwei Spitzen von Walfangharpunen; und ein geschmiedeter Haken zum Festhalten des gefangenen Wals an der Bordwand.

Zähne des Narwals in ihren Etuis aus dem 18. Jh. Manchmal waren sie bis zu 5 oder 6 m lang. Dem zu Pulver zermahlenen Narwal-„Horn" maß man früher magische Kräfte zu. Auch hieß es: Wenn ein solches Stück an Bord war, sei das Schiff zum Beispiel vor Walangriffen geschützt.

Mit diesen Pickhaken mit kurzem Griff wurden die Kabeljaus aus dem Dory ins Mutterschiff geladen, während sie gleichzeitig zugunsten der Dorybesatzung gezählt wurden. Mit den kleinen Schaufeln (rechts) wurde der Fisch eingesalzen. Der Griff war zum Schutz der Hand mit einer Manschette aus Leder oder Kautschuk umgeben, und die Schaufeln waren gerade so groß, daß sie die richtige Menge Salz faßten.

D iese kleinen Geräte der Fischer haben praktisch noch keinen Marktwert. Gerade deshalb lohnt es sich aber, sie zu entdecken und zu sammeln.

Eine Angelleine mit Glas- und Korkschwimmern. Daran werden mit kurzen Leinen (Vorfächer) die Haken mit Köder angebracht.

Ein altertümlicher Schwimmer aus zusammengebändelten Korkscheiben.

Von oben nach unten: Nadel zum Herstellen und Flicken von Netzen; darunter verschiedene alte Pilker, der waagerechte aus Island.

RUDERPINNEN UND STEUERRÄDER

Ruder, Rudergänger, Ruderpinne – symbolische Begriffe
für Reisen auf See. Man läßt sich gerne am Ruder foto-
grafieren, früher auch, als Gag, auf dem
Hafenkai, wo das Ruder mit stürmischer See
als Hintergrund auf Leinwand gemalt war.
Auch im Seemannsgarn stellt sich der Erzähler gerne
„ans Ruder". Die Pinne, wie es sie auch heute noch
auf kleinen Yachten gibt, ist tatsächlich eines der
ältesten direkten Steuersysteme.
Das Steuer- oder Ruderrad, mit
dem das „Legen" des Ruders
vereinfacht wurde, tauchte erst
im 18. Jahrhundert auf.

Dies ist allerdings kein
Steuerrad. Dieses Rad
diente auf der Brücke
zum Umsteuern der
Maschine.

Pinnen und Steuerräder sind fast
immer nicht nur schön gemachte,
sondern auch robuste Teile.

Ruderpinnen sind meist
weniger geschmückt als
hier. Mit einer Länge
von mehr als 4 m diente
eine solche Pinne wohl

Ende des 18., Anfang des
19. Jahrhunderts auf
Briggs, Schonern oder
großen Yachten.

Solche kleinen Steuerräder aus seewasserbeständiger
Bronze oder Messing kamen um 1900 auf Yachten
in Gebrauch, wo die Kraft über Kette oder Zahnge-
triebe auf Quadrant und das eigentliche Ruder übertragen wurde.

Eine britische Schulklasse um 1900 auf einem
Kanalboot. Erstaunlich ist das riesige Hilfsruder
achtern.

An dem Handgriff aus
Bronze konnten auch
Stopper zum Festsetzen
des Ruders befestigt
werden.

Ruderstand eines amerikanischen Walfängers. Auf der Trommel drei Umdrehungen der Trosse, die den Ruderkopf bewegt.

Man muß sich einmal vorzustellen versuchen, wie viele Stunden Rudergänger bei jedem Wetter mit diesen alten Stücken gesteuert haben.

Steuerrad mit zehn Handgriffen für großen Segler oder Dampfer, ausgelegt für eine Ruderleistung, die vom Rudergänger einen großen Kraftaufwand verlangte. Üblicherweise ist auf dem Felgenreifen der Name der Werft und auf der Kappe der des Schiffes eingraviert.

Eine mit Dampf ferngesteuerte Rudermaschine auf einem Schiffsmodell. Ketten übertragen die Kraft auf einen halbrunden Quadranten ganz achtern über dem Ruderkopf; darüber die „Schildkröte" mit dem Hilfsruder.

Ein Ruderquadrant. Das rechteckige Loch saß auf dem Ruderkopf. Vom Schandeck lief eine Leine an jeder Schiffsseite über die Scheibe an der Nock des Quadranten und zurück über eine Umlenkrolle zu Pinne oder Rad.

Raffinierter, mit Delphinen verzierter Ruderquadrant. Solche Teile gab es regelmäßig auf besseren Ruderbooten der französischen Kriegsmarine, wie ähnlich auch heute noch bei Rennachtern.

81

DER SCHIFFSSCHMUCK

Ohne ein schön geschnitztes Heckschild
wäre ein Fischer früher
wohl kaum auf See gegangen. Hier ist nur noch

Die BRENNUS war das letzte französische Kriegsschiff mit einer Galionsfigur. War das nun ein Zeichen dafür, daß das Budget der Marine für Schiffsschmuck zusammengeschmolzen war oder daß er nicht mehr zu den modernen Schiffslinien paßte? Auch für die Handelsschiffahrt kam das Ende der Segel, so daß Galionsfiguren, bemalte Schnitzereien an Heck und Bug nur noch auf Yachten anzutreffen waren.

der Rahmen vorhanden, der Einsatz ist verschwunden.

Reich geschmückte und vergoldete „Mastwurzel" einer holländischen Plattboden-Yacht.

Eine Frauengestalt als Bugschmuck, die Eichenzweige wie Engelsflügel. Herkunftsort und Schiff sind unbekannt.

Auch talentierte Bildhauer waren sich nicht zu schade, Ornamente für die großen Kriegsschiffe zu schnitzen. Ganze Bildhauergesellschaften lebten lange Zeit von der Marine.

Ganz sicher ein Heckschild eines kleinen Schiffes mit einer Auslassung für einen Ausleger, an dem hinter dem Heck ein Treibersegel gerigt wurde.

Solche mit einfachen Ornamenten verzierten Ruderköpfe findet man auch heute noch auf Plattbodenschiffen.

Diese Holzschnitzerei scheint zu fein gearbeitet zu sein, um Stöße und Brecher am Heck eines Schiffes aushalten zu können. Dennoch stammt dieses Schild auf gekreuzten Ankern und Eichenzweigen vom Heck einer Yacht um 1830.

Vom Heck eines flämischen Plattbodenschiffs des 18. Jahrhunderts stammt diese vielfarbige Schnitzerei zum Thema „Besuch der Königin von Saba bei König Salomon".

Dieser Kopf mit seinem phantastischen Hutschmuck saß auf der Ruderpinne einer holländischen Yacht; er scheint den Rudergänger bei seiner Arbeit zu überwachen.

Schiffsornamentik war eine eigene Kunst, oft symbolisch, manchmal übertrieben, aber immer setzte sie Phantasie frei.

Auch dieses Heckschild von einem Antwerpener Plattbodenschiff des 18. Jahrhunderts zeigt eine mehrfarbige religiöse Schnitzerei mit dem Motiv der „Hochzeit zu Kanaaw".

Die kleinen „Jachten" der reichen flämischen Kaufleute waren oft mit prächtigen Schnitzereien ausgestattet. Dieser Merkur-Kopf aus farbig bemaltem Holz war Wahrzeichen einer Gilde und zierte den Ruderkopf eines Antwerpener Boeiers aus dem 18. Jh.

Diese Schnitzerei zeigt zwei spielende Tritone, deren Mäulern wie Füllhörnern Tang und Meeresgetier entweichen. Letztes Überbleibsel eines abgewrackten Schiffes.

Diese Mastwurzel fand sich auf einer Werft. Wind und Wetter haben Gold und Farbe bis aufs nackte Holz abgebeizt.

GALIONSFIGUREN

Massive Bohlen, durch Zapfen, Zinken und Holznägel verbunden, waren das Material, aus dem der Bildhauer nach einer vom Reeder genehmigten Skizze die Figur schnitzte. Es gab Befürworter einer möglichst realistischen Menschendarstellung.

Aber die Mehrheit der Figuren ist doch von volkstümlicher Kunst inspiriert, von volkstümlichen Erzählungen, von Zirkustieren, die man in der Bewegung einzufangen versuchte.

Was für eine schöne Idee, dem Schiff eine fein geschnitzte und bemalte Figur vorausgehen zu lassen, die seinen Namen symbolisch darstellt! Eine Botschaft des Friedens oder des Krieges, Zeichen für ein Handels- oder ein Kriegsschiff. Drachenköpfe standen über dem Bug der Wikingerschiffe, schöne Damen mit freizügiger Brust schmückten friedliche Segler, deren Reeder sich zugleich als Liebhaber zu erkennen gaben. Ohne wenigstens eine kleine Schnitzerei am Bug sollte kein Schiff in See gehen. Noch bis zum Beginn des 20. Jahrhunderts, als die hölzernen Segelschiffe schon von Eisen und Dampf verdrängt worden waren, behielten die Kriegsmarinen diese Tradition bei.

Das Reglement der Marine wie der Geschmack der Reeder schrieben einen nur leicht bemalten, künstlerisch gestalteten ornamentalen Schmuck als Galionsfigur vor. Doch die Matrosen hielten sich beim Überholen nicht an diese Vorschrift.

Und wenn keine menschliche oder tierische Figur den Schiffsnamen symbolisieren kann, wird er von einem bemalten Ornament am Bug symbolisiert.

Etwa um 1880 auf einer Abwrackwerft bei Blackwall entstand dieses Foto, das ein ganzes Lot der schönsten Galionsfiguren abgewrackter Schiffe zeigt.

Graziöse Haltung und eleganter Schmuck zeichnen diese junge Dame aus, Galionsfigur eines französischen Handelsschiffs des 18. Jahrhunderts, das während der englischen Blockade gekapert wurde. Die saubere Restaurierungsarbeit zeigt nicht nur, wie die Figur am Bug saß, sondern auch, wie mit Spachtelmasse das rohe Holz zur beinahe realistischen, feinen Haut geglättet wurde.

Der Viermaster ASIE, der 1919 unweit von Saint-Nazaire strandete, konnte nicht gerettet werden. Der Bug blieb noch lange nach dem Schiffbruch sichtbar, und so wurde eines Tages die riesige Galionsfigur (3,40 m) zusammen mit dem Großmast gerettet, der dann in der Hafeneinfahrt als Semaphor Dienst tat. Das Holz der Figur ist gesprungen, die Farben sind fast verschwunden, aber der expressive Gesichtsausdruck, den ihr der unbekannte Bildhauer gab, hat seine Kraft nicht verloren.

Die monumentale Galionsfigur des englischen Klippers CELESTIAL EMPIRE, der 1861 in Quebec gebaut und 1911 in Paimboeuf abgewrackt wurde. Reste der Farben sind am Mandarin zu erkennen, ebenso daß er aus einem Block geschnitzt wurde.

Ein General aus dem 1. Kaiserreich mit nobler Geste und feinem Faltenwurf. Die Geste der erhobenen Hand wurde von den Bildhauern der Marine oft angewandt, verlangte aber eine Verstärkung aus Metall

gegen die Schläge der See. Immer wieder ist es bedauerlich, wenn solche Figuren nicht identifiziert und zugeordnet werden können.

G alionsfiguren mußten graziös und zugleich widerstandsfähig sein. Also suchten sich die Bildhauer oft besonders widerstandsfähiges Holz aus, das auch schwer zu bearbeiten war.

Oft konzentriert sich das Interesse des Bildhauers an einer Galionsfigur auf den Ausdruck des Gesichts und wenige andere Details.

SCHIFFSMOBILIAR

Dieser Toilettenschrank macht deutlich, daß es an Bord weder fließendes Wasser noch einen Wasserabfluß gab. Ein verzinkter Kasten diente als Wasserreservoir. Über einen Hahn floß es ins Waschbecken und von dort in einen weiteren Behälter, den der Kajütjunge regelmäßig leeren mußte (um 1900).

Mahagoni plus Messing, ist es das, was Schiffsmöbel ausmacht? Oder sollte ein bestimmtes Interesse dahinterstehen, wenn man alles mögliche mit dem Wort „Schiff-" verbindet? Immerhin wird von Stiefeln bis zu WC-Deckeln alles teurer, wenn dieses Wort vorangesetzt wird. Heute haben Schiffsmöbel nichts Besonderes mehr; auf den großen Schiffen finden sich vielmehr „Landmöbel". Doch noch vor einem halben Jahrhundert machten Massivholz und seewasserfeste Bronze die Einrichtungen von Fracht- und Passagierschiffen so besonders und schwer.

Auf dem alten Schulschiff BORDA lernten die Kadetten in den Zwischendecks an solchen Schreibtischen. Ob einer davon erhalten geblieben ist?

◄ Ein ehrwürdiges Spill, umgewandelt in ein Tischchen, an dem man sich eine Biedermeierfamilie beim Tee vorstellen kann.

Per Paketboot exportierte Großbritannien seine zivilen und militärischen Beamten in die Kolonien. Auf ihren vielen langen Reisen wollten sie schon an Bord ihr „sweet home" wiedererschaffen und schleppten deshalb solche „double corps" genannten Vertikos aus Kampfer mit.

TOILETTE MARINE BREVETÉE
E. PERSONNE, 8, R. ROYALE, PARIS
Entrepôt : 25, rue Roussel, Puteaux

TOILETTE DE BORD
occupant un espace très restreint et pouvant se placer dans le plus petit yacht.
Se fait en tous bois

Fournisseur du Ministère de la Marine et des grandes Compagnies de navigation

Hauteur . . 1ᵐ25
Profondeur . 0ᵐ21
Largeur . . 0ᵐ48

Le Catalogue illustré est envoyé sur demande

„Commode" heißt eigentlich bequem, und so ► waren diese Schränke. Obenauf ein Schreibtisch, darunter Schubladen, die Füße abschraubbar, ließen sie sich bei der Ankunft leicht in den Verwaltungsbungalow in Madras oder Kalkutta bringen. Manche Stücke haben sicher nie Glasgow oder Liverpool verlassen, sind denen, die echte Reisen mitmachten, aber zum Verwechseln ähnlich. Dieser trägt das Zeichen „Army & Navy Makers".

◄ Dieses Louis-XVI-Möbel mit Uhraufsatz ist sonderbar: Es hat ein maritimes Aussehen, aber die feinen Füße machen es zum Schiffsmöbel untauglich. Stammt es dann aus einem Semaphor, einem Segelclub oder der Admiralität? Ähnliche Stücke, inklusive Uhr, sind bekannt. Doch ohne Herkunftsbezeichnung läßt es sich nicht einordnen.

Aus einem abgewrackten Schiff stammt dieser Schrank. Schon seine runden Linien machen die Herkunft aus einem Schiff wahrscheinlich.

Massivholzmöbel aus Hafenstädten sind zweifellos vom Schiffsmobiliar inspiriert. Wie soll man davon Möbel unterscheiden, die tatsächlich an Bord waren und nur an Land verpflanzt wurden? Nun, die Schiffsmöbel haben selten allseits gerade Formen, sondern mußten sich mit Abweichungen an die runden Formen des Schiffes anpassen.

Der traditionelle „butler tray" für den Fünfuhrtee auf Passagierschiffen stammt, wie schon sein Name sagt, aus den Häusern des englischen Adels und wurde – anders als sonst – von Land auf See verschlagen.

AUF PAKETBOOTEN UND PASSAGIERSCHIFFEN

Eine robuste und funktionelle Anrichte mit großer Platte und Fächern für Geschirr und Tischwäsche, wie sie wohl einmal am Kopf eines Speisesaals 1. Klasse thronte. Das Kabel-Ornament und der Anker als Untergrund für Uhr und Barometer machen die maritime Herkunft deutlich. Beides ist symbolisch für die Gedanken des Personals: Freizeit und ruhige See.

Ein bequemer klassischer Drehstuhl von einem Paketboot vom Ende des letzten Jahrhunderts. In der Lehne die Initialien DNS.

Möbelschreiner und Dekorateure, zur großen Zeit der Paketboote und Passagierschiffe zuhauf auf den Werften zu finden, waren die Sachwalter des „guten Geschmacks". Ihre Arbeit verdoppelte, ja verdreifachte manchmal sogar die Kosten für Rumpf und Maschinen. So wollte es das Prestige der Reedereien. Nur wenig ist sogar von den schönsten Ensembles erhalten; sie waren zu groß, um irgendwo Unterschlupf oder eine neue Heimat zu finden. Nur nützliche Einzelstücke blieben erhalten: Tische, Sessel, Anrichten. Eine Chance für Sammler.

Identifizierung ist oft schwierig. Eindeutig ein Schiffsmöbel, aber woher? Nur wenige Archive mit genauen Bestellungen an Lieferanten sind erhalten.

Hier sind wir nun in der Offizierskajüte: Das Tischgestell ist aus Gußeisen, sicherlich im Dekor des ganzen Schiffes. In Vertiefungen der riesigen Tischplatte können Schlingerleisten eingesetzt werden. Die umklappbare Rückenlehne an den beiden Bänken diente der Platzersparnis (um 1880).

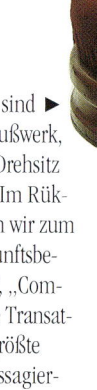

Lehne und Fuß sind ▶ meisterhaftes Gußwerk, Armlehne und Drehsitz aus Mahagoni. Im Rückenteil erkennen wir zum Glück die Herkunftsbezeichnung CGT, „Compagnie Générale Transatlantique", die größte französische Passagierschiffgesellschaft.

Einzelkajüte der 2. Klasse um 1920 auf dem Schiff einer Fernost-Linie. Ein Bett mit Schlingerbrettern und zur Belüftung eine Windhutze, die in das geöffnete Bullauge eingesetzt wurde.

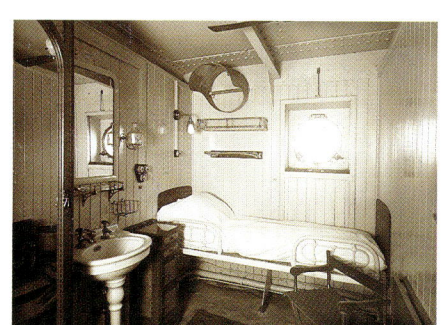

Variation zum Thema Drehsessel: Restaurant-Sessel mit Lehne, 1900, in Anlehnung an die runden Formen der Delphine.

Gute Haltung bei jedem Wetter war die Devise. Deshalb wurde das verzierte Schiffsmobiliar am Boden festgeschraubt.

Diese Einzelsitze sorgten dafür, daß die Gäste bei Seegang nicht aneinanderstießen; wenn sie umgedreht waren, konnte man zum Auf- oder Abdecken auch leichter an den Tisch.

Auch noch in der Zeit zwischen den beiden Weltkriegen benutzte man solche veralteten Sitzmöbel, obwohl doch bekannt war, daß vierfüßige Stühle nicht so leicht umfielen und einfach mit einer Kette befestigt werden konnten.

SILBER UND ANDERES GESCHIRR

Ein Topf für
Milch oder heißes Wasser im klaren Christofle-Stil von 1935. Robust und durchdacht, der Griff isoliert. Das Stück stammt vom Tafelsilber des berühmten Passagierdampfers NORMANDIE.

Eisbecher mit standfestem Fuß, ebenfalls vom Flaggschiff der CGT oder „Transat" – der Compagnie Générale Transatlantique, die uns noch mehrfach begegnen wird.

Dieser Löffel hat zwar ein pseudo-maritimes Thema. Aber eine Massenproduktion für einen Passagierdampfer wäre doch wohl zu schwierig und zu kostspielig gewesen.

Drei Marken, drei Zeitalter: M. N. ist „Marine Nationale", die französische Kriegsmarine. Das Aussehen des Ankers verändert sich. Es sind einfache Formen der Mannschaftsbestecke.

Wappenverzierte Teller, Platten und Töpfe aus Zinn hat man bei versunkenen Schiffen auf dem Meeresgrund gefunden. War dies also das erste Standard-Bordgeschirr? Seereisende aus den oberen Ständen hatten an Land sicherlich ihr Wappen auf dem Zinn. Unwahrscheinlich ist es allerdings, daß Columbus' SANTA MARIA einen Bierkrug mit ihrem Namenszug an Bord mitführte. Eigene Logos und Schmuckmuster tauchten erst später mit den Ostindischen Kompanien im 17. Jh. auf.

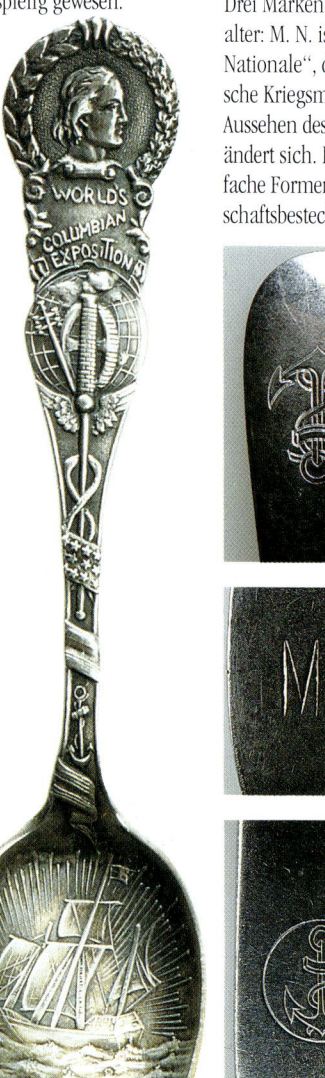

Die großen Passagierschiff-Gesellschaften begannen damit, ihr Zeichen auf Geschirr und Besteck zu prägen, manchmal als Siegel, manchmal als Namenszug. Klipper und Yachten übernahmen diesen eleganten Brauch.

Selten gab es gezielte Bestellungen für einzelne Stücke. Im allgemeinen begnügte man sich mit den Katalogen der Produzenten: die Limoges-Tasse für die Offiziersmesse, simples Steingut fürs Mannschaftslogis. Etwas Besonderes wurde es erst durch das von einer Kommission vorgeschlagene einheitliche Dekor.

Zwei Eierbecher: CGT oder „Transat" oben; darunter „Mes Mar", Messageries Maritimes, eine andere Paketbootgesellschaft.

Versilberter Platzteller mit dem Wappen der CGT auf dem Rand. Die Zeichen einer langjährigen rauhen Behandlung an Bord sind unübersehbar. Solche blanken Platzteller machten die Mahlzeit an Bord erst zu etwas Besonderem.

Ob die Geschichte wahr ist? Jedenfalls erzählte man sich in Le Havre, daß die Nordatlantik-Route der Passagierdampfer mit Silber gepflastert sei. Es gab zu viele Mahlzeiten und infolgedessen zuviel Geschirr zu spülen; so begann man eines Tages, gleich im großen Teich zu spülen, daß das Kielwasser nur so glitzerte.

Auch die Kriegsmarinen haben bald auf Geschirr und Besteck ihre Marke gesetzt. Schon Mitte des 19. Jahrhunderts ist eine Vereinheitlichung zu erkennen. Es war auch eine Art, das Staatseigentum zu schützen.

Für diese standfeste Salatschüssel versuchte ein Designer oder Produzent die CGT zu interessieren. Das Stück ist merkwürdig, weil die Griffe sicherlich von den Kompensierkugeln des Kompaßständers inspiriert sind.

Die Marine hielt an ihren Traditionen fest, aber nicht am Zinngeschirr; auch Emaille und Plastik fanden keinen Platz in der Messe. Es mußte Porzellan sein. Was zerbricht, wird ersetzt.

Ein Teller mit Schiffsmotiven. Er ist nicht zerbrochen, sondern – wie es bei Schiffsgeschirr durchaus üblich war – mit einer Ausnehmung „für den Bart" versehen.

Echt oder unecht? Jedenfalls zu gut erhalten, um wirklich von der CUTTY SARK zu stammen. Marly-Blau und schlichte Flagge könnten auf eine Yacht der Royal Yacht Squadron hinweisen.

SCHIFFSMODELLE

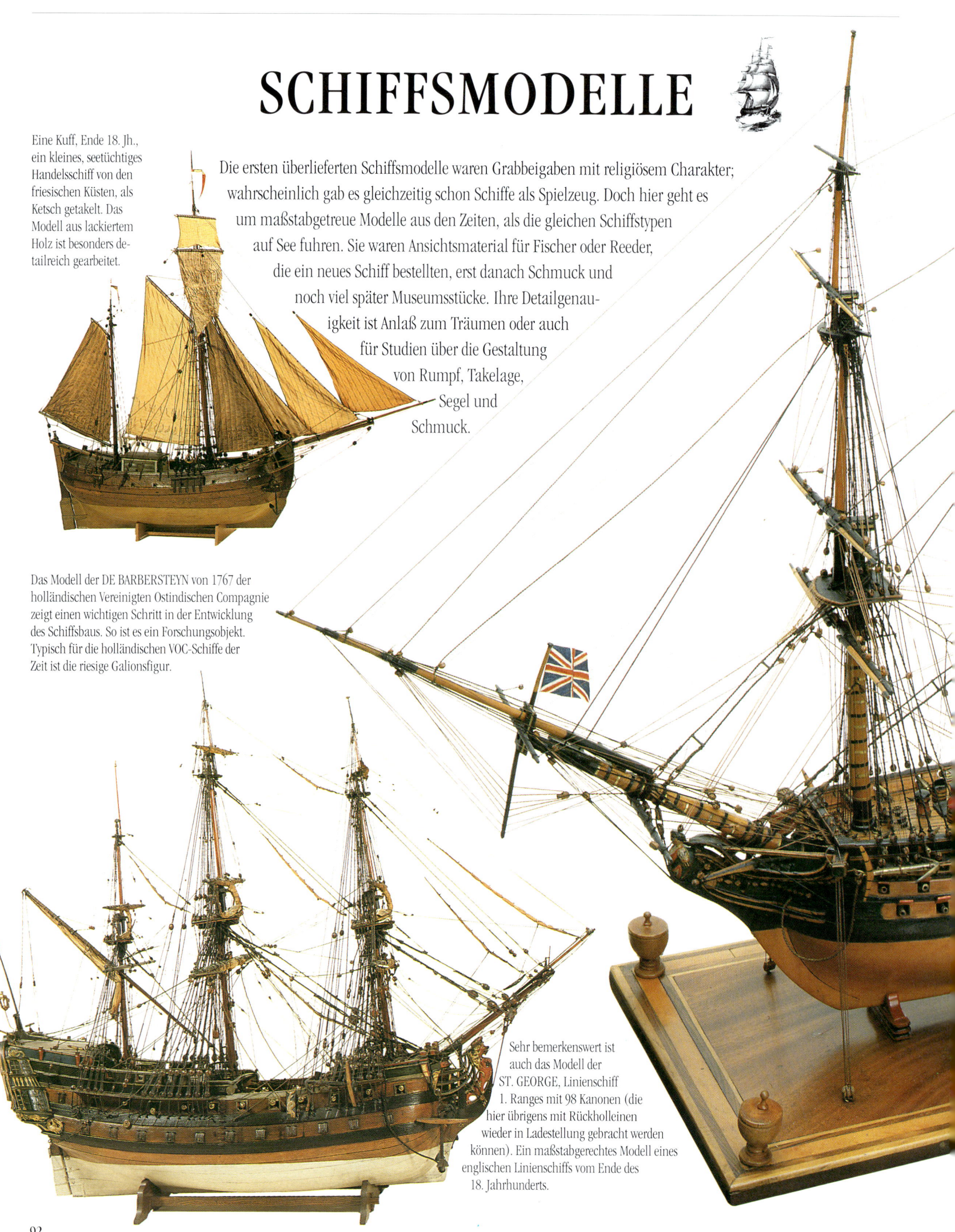

Eine Kuff, Ende 18. Jh., ein kleines, seetüchtiges Handelsschiff von den friesischen Küsten, als Ketsch getakelt. Das Modell aus lackiertem Holz ist besonders detailreich gearbeitet.

Die ersten überlieferten Schiffsmodelle waren Grabbeigaben mit religiösem Charakter; wahrscheinlich gab es gleichzeitig schon Schiffe als Spielzeug. Doch hier geht es um maßstabgetreue Modelle aus den Zeiten, als die gleichen Schiffstypen auf See fuhren. Sie waren Ansichtsmaterial für Fischer oder Reeder, die ein neues Schiff bestellten, erst danach Schmuck und noch viel später Museumsstücke. Ihre Detailgenauigkeit ist Anlaß zum Träumen oder auch für Studien über die Gestaltung von Rumpf, Takelage, Segel und Schmuck.

Das Modell der DE BARBERSTEYN von 1767 der holländischen Vereinigten Ostindischen Compagnie zeigt einen wichtigen Schritt in der Entwicklung des Schiffsbaus. So ist es ein Forschungsobjekt. Typisch für die holländischen VOC-Schiffe der Zeit ist die riesige Galionsfigur.

Sehr bemerkenswert ist auch das Modell der ST. GEORGE, Linienschiff 1. Ranges mit 98 Kanonen (die hier übrigens mit Rückholleinen wieder in Ladestellung gebracht werden können). Ein maßstabgerechtes Modell eines englischen Linienschiffs vom Ende des 18. Jahrhunderts.

Eine „Statenjacht" aus ▶ dem Antwerpener Schiff-fahrtsmuseum. Solche „offiziellen Yachten" fuhren wichtige Staatspersonen zu Visiten, waren später aber auch Lust schiffe der Kaufleute, die ihren Reichtum in Annehmlichkeit umzuwandeln wußten.

Ungewöhnlich schön gearbeitetes ▶ Modell des Toppsegelschoners DIANE mit 18 Kanonen, ein schnelles Küstenwachschiff. Solche französischen Schiffe halfen den Amerikanern Anfang des 19. Jahrhunderts, die britische Blokkade zu umgehen.

M anche Werftmodelle wanderten ins Arsenal oder ins Marineministerium und von dort später ins Museum.

Der Dreimaster-Rahsegler OCÉANIE von 1843, ursprünglich deutsch, war später Walfänger mit Heimathafen Antwerpen. Ein zuverlässiges Modell.

Modell der PENTHIÈVRE der französischen Ostindischen Kompanie. Die Form des Hauptspants (oben) wurde zum Vorbild für die amerikanischen Klipper. Der Rumpf (links) ist Deck für Deck demontierbar. Schulungsmaterial für Offiziersanwärter.

DIE HALBMODELLE DER WERFTEN

Im Prinzip sind Backbord und Steuerbord gleich. Warum sollte man dann also für einen ganzen Rumpf zahlen, wenn man doch immer nur den halben sah! Diese ökonomische Überlegung führte dennoch zu ausdrucksvollen Modellen, die auf Paneelen befestigt wurden – oder gar auf einem Spiegel, der die Illusion des Vollmodells ergab. Diese Halbmodelle der Werften konnten auch Verhandlungsbasis zwischen Konstrukteur und Reeder sein, wenn sie nicht gar einen Linienriß ersetzten; das heißt, sie mußten ganz exakt einem Maßstab entsprechen.

Das Heck eines Seglers, der Bug eines Dampfers. Sogar ohne daß die Hilfsbesegelung dargestellt ist, erkennt man, wie auch motorisierte Schiffe lange die feinen Formen der Segelschiffe beibehielten.

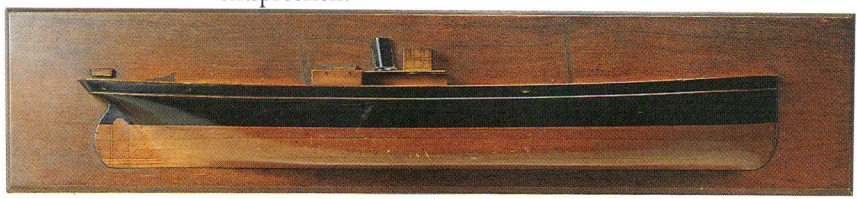

Ein selten kostbares Modell, von der Werft dem Reeder geschenkt. Ein Augenschmaus für die Eingangshalle der Reederei, zugleich Werbung für diese und die Werft. Spiegel an Rückseite, Boden, Deckel und beiden Seiten machen es möglich, Unterwasserschiff, Decksplan, Profil, Vor- und Achterschiff zu betrachten.

Mit einem guten Auge und etwas Erfahrung kann man sehr schnell die Qualität von Bug und Heck, die Seetüchtigkeit eines Schiffes beurteilen. Danach werden dann die Pläne korrigiert.

Vom Küstenschiff zum Großsegler: Beim kleinsten wölbt sich der Hauptspant stärker, beim größten ist er gestreckter. Masten sind nur angedeutet; so kann man sich den Segelplan vorstellen. Hütte und Roof sind vorhanden, um die Ladeluken beurteilen zu können.

Die großen Yachtclubs sammelten Modelle ihrer berühmtesten Yachten. An den hier versammelten Halbmodellen läßt sich ein kleine Geschichte der Entwicklung der Regattayacht erzählen.

Halbmodell einer Brigg aus den Jahren um 1870. Die parallelen Scheiben aus verschiedenfarbigem Holz zeigen die Wasserlinien; die Unterkante der breitesten ist die Ladelinie.

Auf den Werften wurden Halbmodelle von besonders gelungenen Schiffen sozusagen zur Werbung hergestellt, manchmal auch auf Verlangen des Reeders beim Stapellauf. Bei Fischerbooten, bei denen es noch bis ins 20. Jh. kaum Risse gab, dienten Halbmodelle sogar dazu, die Aufmaße direkt auf Schnürboden und Malle zu übertragen.

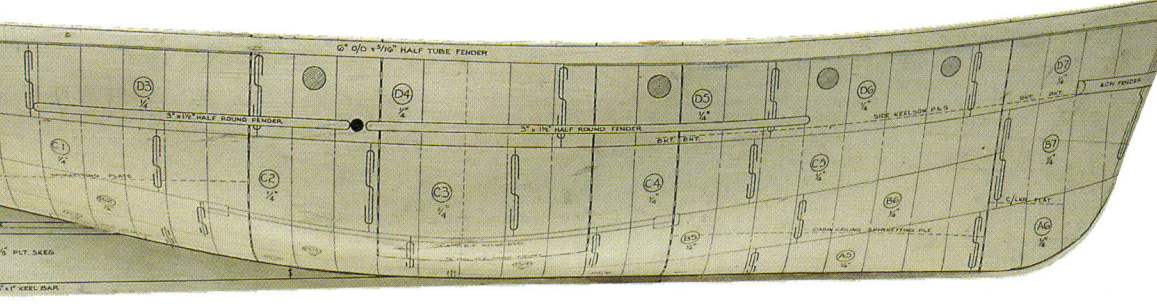

Kleiner Küstenfahrer oder Fischerboot einer englischen Werft, wie fast immer von Steuerbord gesehen. Von diesem Modell wurden Form und Größe der Platten abgenommen, die den Rumpf bildeten.

An diesen nackten Rümpfen ist nichts Überflüssiges. Die Maße wurden direkt von ihnen abgenommen. Bei den mattweiß gestrichenen Modellen sind Bauspanten und Außenhautplatten mit Stößen und Gängen zu erkennen. Danach wurden die Platten mit ihren Nietlöchern vorgeschnitten und dann auf der Helling zusammengenietet.

Englisches Halbmodell eines Schoners, Luggers oder Kutters, nach der Form des Bugs vom Anfang dieses Jahrhunderts. Ein besonders sorgfältig gemachtes Modell mit Buchsbaumleisten für Schandeck und Relingskappe.

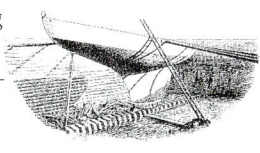

95

DIORAMEN MIT HALBMODELLEN

Die Dioramen mit Halbschiffen sind als Kunsthandwerk der Matrosen von besonders rührender und malerischer Ursprünglichkeit. Hier können die Modelle in Aktion und vor einem Hintergrund gezeigt werden, der manchmal eine Landschaft ist, oft aber auf See und Wolken beschränkt bleibt. Von Vorteil war, daß das Modell zwischen den Arbeitssitzungen in seinem Holzkästchen geschützt blieb. Die Themen gleichen sich häufig: das Schiff mit allen Segeln in bester Haltung, Sieger über die See, bei der Einfahrt in den Hafen oder beim Aufnehmen eines Lotsen.

Die Viermastbark ASIE der Reederei Compagnie D'Orbigny et Faustin. Detailreiche Arbeit eines Matrosen auf großer Fahrt. Die Lederschlaufe auf dem Kasten diente zum Aufhängen.

Dieses großformatige Diorama ist sicher Matrosenarbeit, wahrscheinlich aber an Land gefertigt. Die ganze Schiffahrt ist vor der Hafeneinfahrt von Fécamp da, wie es das „F" im Segel des Luggers andeutet. Dieser bringt wohl einen Lotsen für den Dreimaster, obwohl der schon die Lotsenflagge im Topp des Kreuzmastes führt.

Die Flagge „P" im Fockmast zeigt, daß der Dreimaster gerade den Hafen verlassen hat. Die Flaggenfolge „P-J-F" könnte Reedereizeichen oder Initialen des Matrosen darstellen. – Welch schönes Land, in dem der Wind auf allen Kursen günstig ist, wie die Flaggen beim Vergleich beider Schiffe zeigen.

Der belgische Klipper VIRGINIE (oben) ist bereit, vor der Scheldemündung für die Einfahrt nach Antwerpen einen Lotsen vom Lotsenschoner Nr. 4 zu übernehmen. Eine Brigg mit einem Klüverbaum, der noch einmal so lang ist wie das Schiff selbst, und der verschlüsselten Inschrift „Erinnerung an einen Bruder" (unten).

Wann entstanden diese Dioramen? Zweifellos seit dem Beginn des 19. Jahrhunderts, als Handelsschiffe mehr und mehr weite Reisen unternahmen. Militärische Motive sind nämlich kaum bekannt, Dampfschiffe als Halbmodelle wiederum sehr häufig in den Dioramen.

Eine Dreimastbark vor der Einfahrt von Le Havre mit vollem Wind in den 23 Segeln und auf Wellen wie onduliert mit dem Brenneisen.

Halbmodell eines englischen Rettungsboots auf einem sehr kunstvoll verzierten Brett. Dieser Matrose wußte mit seinem Schnitzmesser umzugehen, und er war offensichtlich äußerst patriotisch eingestellt.

Schön und sehr realistisch ist diese Bark. Die Segel aus Holz, zur Augentäuschung perspektivisch dargestellt, scheinen im Winddruck fast aus den Lieken zu springen. Die Rahmen der häufig pyramidenförmigen Kästen sind meist vorgefunden und geben so den Maßstab für das Diorama.

▲ Der Dampf hilft den Segeln. Ein Dreimaster mit Propeller, Rammbug und Marssegeln aus der Zeit, als Mannschaften noch billig waren.

DIORAMEN MIT VOLLMODELLEN

Die Dioramen der Matrosen, meist mit Halbmodellen, waren nur von einer Seite zu besichtigen. Setzte man ein Vollmodell in ein Diorama, hatte man beides zugleich: ein Schiff, das von allen Seiten betrachtet und beurteilt werden konnte, und seine natürliche Umgebung, das Meer, die Hafeneinfahrt, eine Landschaft. Das war die wahre Illusion, die manche der Modellbauer erreichen wollten.

Ganz oben: Die Walfang-Bark NEPTUNE aus Nantes (1824), beigedreht unter Besan und Klüver, die Untermarssegel back gesetzt, längsseits ein gefangener Wal, in der blauen Südsee. Darunter: Einfahrt in den Hafen bei Hochwasser unter vollen Segeln, hohe Schule der Segelkunst, alles unter Glas.

D iese Schätze konnten nicht auf See geschaffen werden. In die Koje der Matrosen paßten sie nicht hinein. Sie sind von Matrosen geschaffen worden, die auf Urlaub oder in Pension gegangen waren.

Meisterwerk eines alten Neufundlandfischers: Eine Dreimastbark beim Kabeljaufang im bleichen Licht der Bänke. Achtern die Dories auf übliche Weise im Schlepp. An Steuerbord entlädt ein Dory seinen Fang; man kann sich vorstellen, wie das Boot beim Rollen des Schiffes manchmal tief unten, manchmal auf Höhe des Schandecks liegt.

▲ SOUVENIR, ein hölzernes Vollschiff aus der Zeit um 1880, wahrscheinlich von der Reederei Simon & Duteil, wie die fast entfärbte Reedereiflagge im Großtopp anzudeuten scheint. Das klare Modell aus Holz, Knochen und Papier wird bei der Ausfahrt aus der Gironde gezeigt, wie es das Lotsenboot mit dem Zeichen BX Nr. 17 (Bordeaux) andeutet. Ist nun die SOUVENIR von der Insel Noirmoutier oder der Matrose, der sich so genau an alle Details erinnert? Man erkennt sogar das Beiboot in den Davits am Heck und die gedrechselten Säulen des Schanzkleids.

Aber es gibt mehr als nur statische Darstellungen. Ein komplexes Uhrwerk läßt dieses Segelschiff auf einem von weißen Kämmen zerfetzten Meer aus dunklem Stoff rollen und stampfen, so daß der Zuschauer fast seekrank wird. In der Tradition der mechanischen Automaten entstanden im 18. und 19. Jh. eine ganze Reihe solcher beweglicher Dioramen.

G elegentlich beziehen sich die Darstellungen auf ganz bestimmte Ereignisse, und damit bekommen diese Dioramen etwas von einem laienhaften Ex-Voto, das die Glorie des Handwerks darzustellen versucht.

Ein detailreiches Diorama, bei dem die Festung fast eine größere Rolle spielt als die Schiffe. Es sind drei Schiffe mit unterschiedlicher Takelung, die aus der Hafeneinfahrt hinausfahren wollen. An Flaggen, Wimpeln und vor allem den Uniformen der Wachsoldaten müßte man bei einigem Bemühen den Ort wiederauffinden können.

REEDEREIMODELLE

Einen feinen Unterschied zwischen Werft- und Reederei-
modellen kann man vielleicht so begründen: Werftmodelle
waren Arbeitsmittel der Werft, manchmal auch
ein Mittel zum Werben eines neuen Kunden.
Als Reedereimodelle können wir dann jene
Modelle bezeichnen, die meist nachträglich
für den Reeder, im Auftrag oder als
Geschenk, hergestellt wurden, damit
dieser ein lebensechtes Abbild seines
Schiffes hatte.

Die MARIA TOFT (unten) ist ein skandinavisches
Frachtschiff, im „Drei-Insel-Typ", von dem vor dem
Ersten Weltkrieg auf der ganzen Welt Tausende gebaut wurden. Typisch für ein mit Kohle befeuertes
Schiff sind der hohe Schornstein, die Dampfpfeife
und die Belüftung für den Maschinenraum. Die
primitive Radioantenne zeigt, daß es um die Jahre
zwischen 1910 und 1920 geht. Man beachte auch
den kupfernen Wasserkessel hinter dem Schornstein
und die einfache Ladeeinrichtung aus einer Zeit, als
die Hafenliegezeiten noch lang waren.

Ist die INCHAVIRABLE (die „Unkenterbare") aus
Brüssel ein Reedereimodell? Sicherlich! Das Boot
und sein Modell mit dem übergroßen Kiel, der auf
den Bänken der Schelde sicher nicht bequem war,
gehörte einer belgischen „Gesellschaft zur Rettung
Schiffbrüchiger".

VIKINGS, ein klassischer Fischtrawler mit Dampfmaschine, gebaut 1935 in
Aberdeen von Hull, Russel & Co. für die Reederei „Les Pêcheries de Fécamp", ist
eines der feinsten Modelle aus der Zeit vor dem Zweiten Weltkrieg. Man beachte
besonders die Decksausrüstung, die in ihrer Feinheit fast an Goldschmiedearbeit
denken läßt.

Das Paketboot WASHING-
TON der französischen
„Compagnie Générale
Transatlantique", ein
Raddampfer von 900 PS,
13 kn schnell, eröffnete
den Liniendienst Le Havre
— New York im Juni 1864.
Auf Vorwindkurs von West
nach Ost ließ man sich
auch von der Hilfsbesege-
lung unterstützen.

Der motorisierte Fisch-
trawler GENEVIÉVE-
LE-BORGNE aus Fécamp
(links) repräsentiert die
letzte Generation der
„Klassiker" vor der
Einführung der Heck-
trawler. Wie die längs-
schiffs aufgehängten
Lampen zeigen, wurde
hier der Fisch noch an
Deck verarbeitet. Dieses
Modell kann uns viel
über die Entwicklung
der Fischereitechnik
erzählen.

Die Qualität eines Mo-
dells ergib sich letztend-
lich aus den Details und
der Maßstabsgerechtheit
der Teile. Die Herstellung
einer solchen winzigen
Ankerwinde, der Lüfter,
oder der Festmacherrol-
len braucht viel Zeit und
unendliche Geduld.

D ie guten Reedereimodelle zeichnen
sich durch besondere Detailgenauigkeit der Decksausrüstung aus.

Über die Details des
Brückendecks kann man
fast ins Schwärmen gera-
ten. Alles ist maßstabs-
gerecht, nichts ist
verkehrt, und es ist wahrscheinlich, daß sogar die
Anzahl der Planken
stimmt. Nur wo ist die
Handbedienung für die
Dampfpfeife hinter dem
Schornstein?

QUEEN ALEXANDRA ist eine Fluß-Yacht mit einer
freistehenden Dampfmaschine. Das Modell ist eine
maßstabsgerechte, schwimmfähige Rekonstruktion.
Das Steuerrad steht vorne mit einer Mahagonibank
für den Rudergänger. Das Heck ist für den Eigner
und seine Freunde reserviert. Bei schönem Wetter
standen dort sicher Segeltuchsessel.

Dieses merkwürdige kleine Dampfschiff mit langem Deckshaus und relativ kurzem Laderaum, also ein Küstenfahrer für Passagiere und Fracht, wurde 1917 als
SAINT CONAN in South Shields in Dienst gestellt und später in PRINCE TOWN
umbenannt. Mit der soweit wie möglich vereinfachten Ausrüstung, sogar der
Propeller fehlt, hat das Modell ein fast yachtähnliches Aussehen. Es ist ein Halbmodell.

ELFENBEINMODELLE

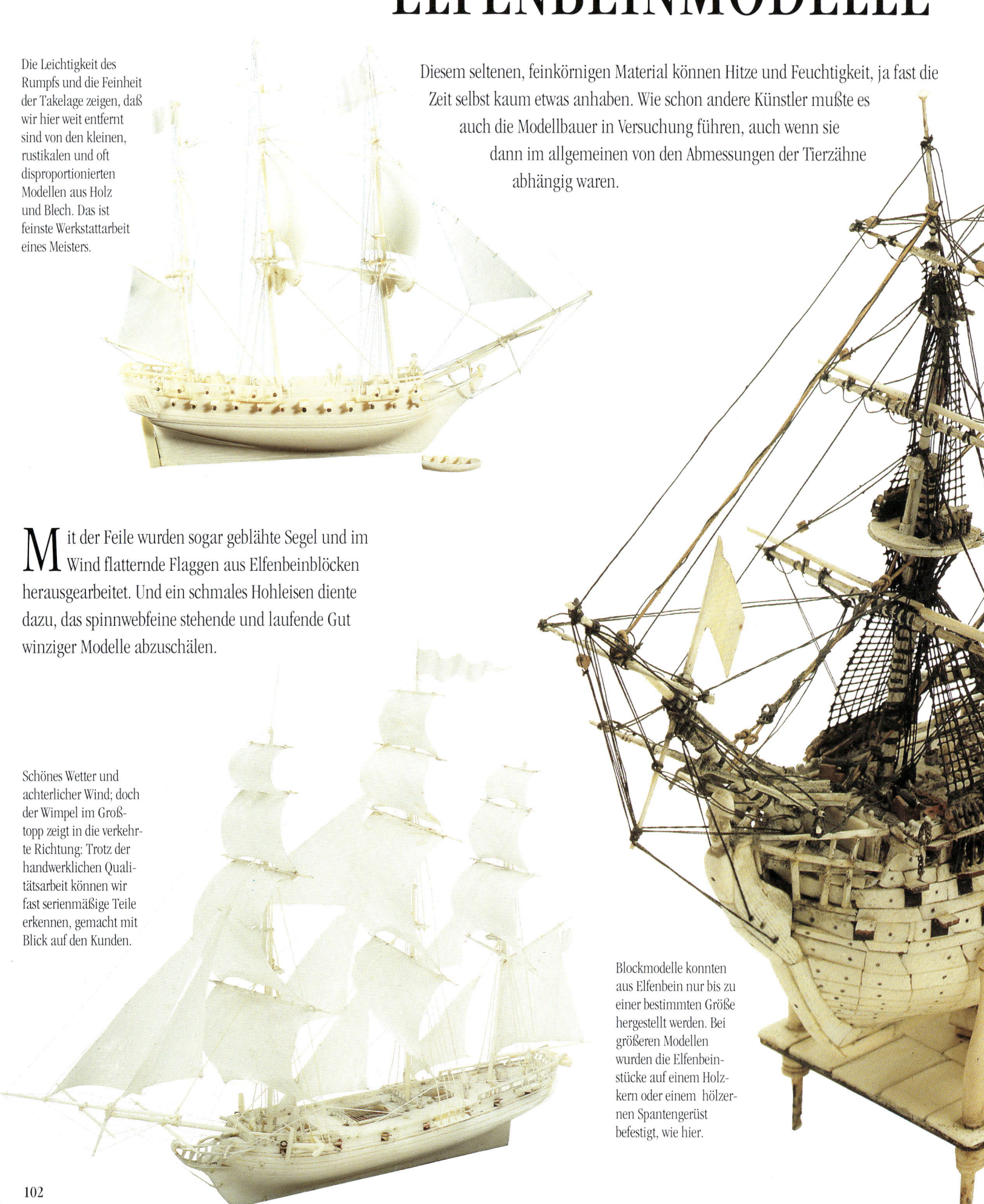

Die Leichtigkeit des Rumpfs und die Feinheit der Takelage zeigen, daß wir hier weit entfernt sind von den kleinen, rustikalen und oft disproportionierten Modellen aus Holz und Blech. Das ist feinste Werkstattarbeit eines Meisters.

Diesem seltenen, feinkörnigen Material können Hitze und Feuchtigkeit, ja fast die Zeit selbst kaum etwas anhaben. Wie schon andere Künstler mußte es auch die Modellbauer in Versuchung führen, auch wenn sie dann im allgemeinen von den Abmessungen der Tierzähne abhängig waren.

M it der Feile wurden sogar geblähte Segel und im Wind flatternde Flaggen aus Elfenbeinblöcken herausgearbeitet. Und ein schmales Hohleisen diente dazu, das spinnwebfeine stehende und laufende Gut winziger Modelle abzuschälen.

Schönes Wetter und achterlicher Wind; doch der Wimpel im Groß-topp zeigt in die verkehr-te Richtung: Trotz der handwerklichen Quali-tätsarbeit können wir fast serienmäßige Teile erkennen, gemacht mit Blick auf den Kunden.

Blockmodelle konnten aus Elfenbein nur bis zu einer bestimmten Größe hergestellt werden. Bei größeren Modellen wurden die Elfenbein-stücke auf einem Holz-kern oder einem hölzer-nen Spantengerüst befestigt, wie hier.

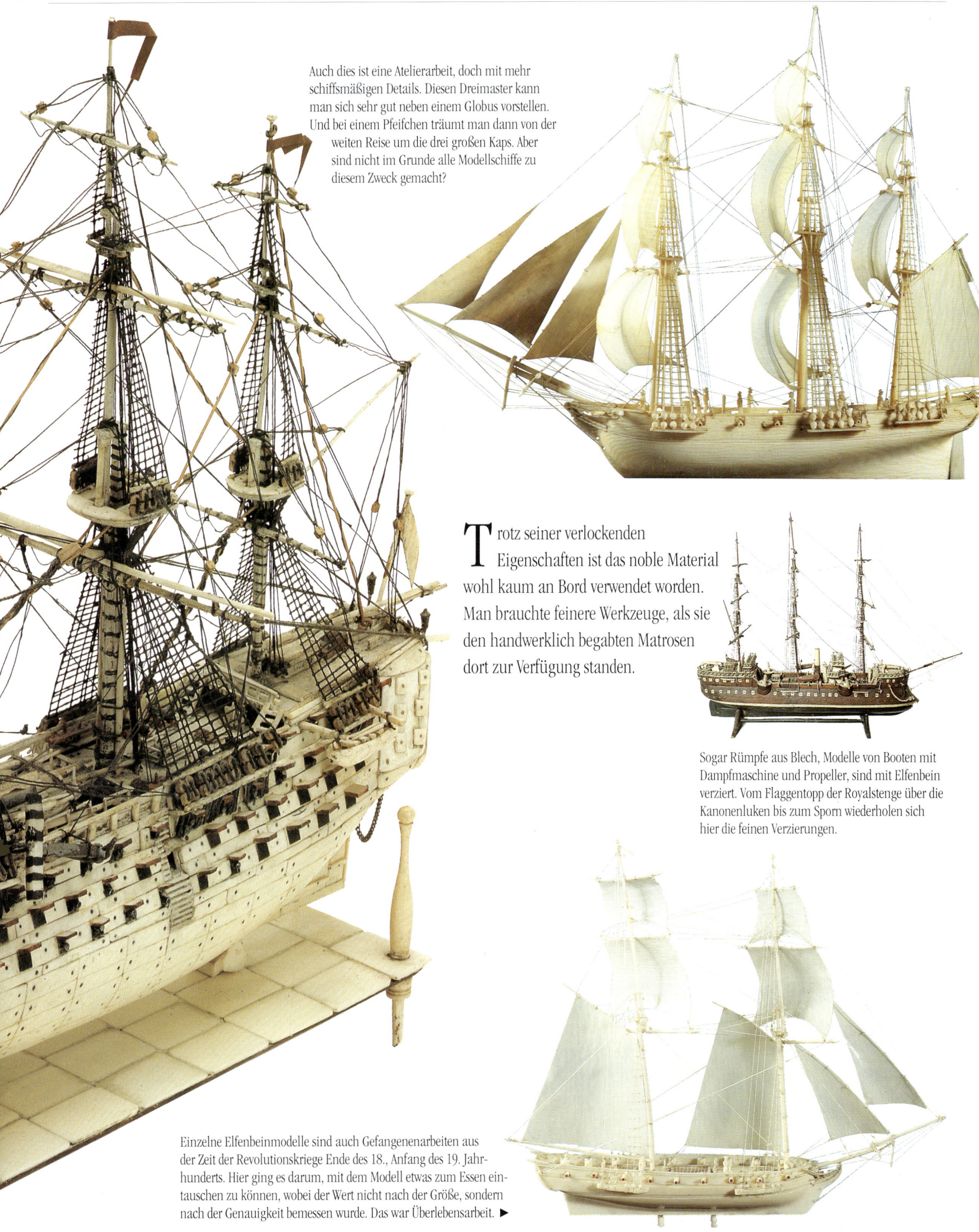

Auch dies ist eine Atelierarbeit, doch mit mehr schiffsmäßigen Details. Diesen Dreimaster kann man sich sehr gut neben einem Globus vorstellen. Und bei einem Pfeifchen träumt man dann von der weiten Reise um die drei großen Kaps. Aber sind nicht im Grunde alle Modellschiffe zu diesem Zweck gemacht?

Trotz seiner verlockenden Eigenschaften ist das noble Material wohl kaum an Bord verwendet worden. Man brauchte feinere Werkzeuge, als sie den handwerklich begabten Matrosen dort zur Verfügung standen.

Sogar Rümpfe aus Blech, Modelle von Booten mit Dampfmaschine und Propeller, sind mit Elfenbein verziert. Vom Flaggentopp der Royalstenge über die Kanonenluken bis zum Sporn wiederholen sich hier die feinen Verzierungen.

Einzelne Elfenbeinmodelle sind auch Gefangenenarbeiten aus der Zeit der Revolutionskriege Ende des 18., Anfang des 19. Jahrhunderts. Hier ging es darum, mit dem Modell etwas zum Essen eintauschen zu können, wobei der Wert nicht nach der Größe, sondern nach der Genauigkeit bemessen wurde. Das war Überlebensarbeit. ▶

KLEINE MODELLE

„Kleine Modelle" nannten die Matrosen diese so naiven und expressiven Boote, die sie mit den einfachsten Werkzeugen an Bord gebaut hatten. Waren dann für sie „große Modelle" die der Werften, Arsenale und Museen, weil sie eine Aura der technischen Würde besaßen? Virtuosität ist allerdings auch ihren kleineren Nachbildungen nicht abzusprechen, auch wenn sie für das stehende und laufende Gut manchmal nur viel zu dickes Garn zur Verfügung hatten. Davon zeugen die Modelle der Kriegs-gefangenen.

Dreimast-Vollschiff mit zwölf Kanonen hinter Geschützpfor-ten. Der Rumpf aus ausgehöhltem Voll-holz, Ausrüstung aus Knochen, Bugspriet und Klüverbaum bereit, die Welt zu erobern.

Vielleicht die Arbeit ▶ eines Fischers für seinen Sohn? Der Kutter ist ein Meisterwerk.

Die Brigg HUSSARD der Kriegsmarine vor Anker, die Enternetze gespannt. Es fehlt nicht einmal der Kriegswimpel. Man lernt etwas über die Zeit, und das läßt einige merkwürdige Propor-tionen vergessen.

Die Brigg war der ver-breitetste Küstenfahrer noch bis um 1900. Mit den Rahsegeln wirkte sie groß unter Kuttern und Schonern.

Die HUSSARD stand von 1808 bis 1822 im Dienst der französischen Marine und überlebte die Schiffsmassaker des englisch-französischen Krieges. Die Flottille der kleineren Boote, die sie umringen, ist sehr lehrreich. Vielleicht erzählt uns der Schöpfer dieses kleinen Meisterwerks wie so oft bei den Modellbauern etwas von „seinem" Schiff.

So sieht es wohl aus, wenn man den Glasballon entfernt und das Modell reinigt. Nichtstun erscheint besser als weitere Zerstörung! So kann man noch davon träumen, wie das Modell nach ungezählten Stunden Arbeit einmal „neu" ausgesehen hat.

Maßstabsgerechtigkeit bedeutet wenig, mehr schon die Zahl der Kanonen und Blöcke. Die detailreiche Takelage weist auf eine Matrosenarbeit hin.

Im Halbdunkel der Zwischendecks der englischen Gefangenenschiffe bauten französische Seeleute solche Wunderwerke, um ihren Wärtern ihr Können zu demonstrieren und um etwas Eßbares dagegen einzutauschen.

Viermast-Handelsbark. ▶ Diese Matrosenarbeit aus Vollholz trägt Segel aus Blech. Fallen und Brassen sehen aus, als könne man gleich lossegeln.

Dies sind Modelle rassiger Ruderboote für Binnengewässer mit feinen Linien. Die Proportionen sind so gut getroffen, daß man vermuten kann, der Modellbauer sei auf ihnen gefahren.

Traditionelle Matrosenarbeit. Charmante Unwahrscheinlichkeiten des Maßstabs, aber alles ist da: von der Decksausrüstung über Masten und Segel bis zum Beiboot. Die Form der Flasche bedingt die Darstellung, hier ein Fischerboot, das in einem kleinen Hafen trockengefallen ist.

FLASCHEN-SCHIFFE

Das Herstellen von Flaschenschiffen ist ein Handwerk, eine Kunst, eine Technik, mehr noch eine Leidenschaft, die die Betroffenen selbst nicht erklären können. Zunächst waren es wohl wirklich Matrosenarbeiten, aber früh schon kamen Tausende von Landratten hinzu. Es bildeten sich ganze Schulen um handwerkliche Eigenschaften, deren virtuose Arbeiten es von den eher einfachen der Matrosen der großen Segelschiffzeit zu unterscheiden gilt.

Die „Fälscher", die das Modell mit stehenden Masten in die Flasche tun, haben hier keinen Platz. Sie schneiden den Boden auf und kaschieren es mit einem Grummetstropp oder auch die Unterseite und pflastern den Schnitt mit Gips zu. Schande über sie!

LOTHAR

Die Ufer der Nordsee mit Häusern, wie es sie eigentlich nur in der Provence gibt. Eine hübsche Arbeit, die an Land entstand, vielleicht von einem alten Matrosen, der seine magere Pension aufbessern wollte. Hoffentlich bekam er die Scotchflasche in vollem Zustand geschenkt.

Wer das schönste „Buddelschiff" machte, hatte Bewunderer genug. Endlich ist das Schiff mit dem Heck voraus (so ist es in der Regel), stabilisiert von einer aus Kitt geformten See, in der Flasche. Alle halten den Atem an, wenn die flach nach achtern gelegten Masten vorsichtig an dünnen Fäden in ihre endgültige Position hochgezogen, die Fäden am Bugspriet angeklebt werden und das Überflüssige abgeschnitten wird.

Ganz ohne Schnörkel und aus einfachen, groben Materialien, wie man sie gerade vorfand, ist diese traditionelle Viermastbark gemacht.

Unter preußischer Flagge segelt die Fünfmastbark LOTHAR, im Großtopp die Farben der Reederei F. Laeiz. Doch die Fünfmastbark LOTHAR existierte nur in der Phantasie des Modellbauers. Dennoch hat die Darstellung viel Charme. Man sieht das Schiff geradezu unter vollen Segeln dahinstürmen. Die Flasche selbst ist gut gewählt für die Proportionen des Schiffs. Vielleicht stammt sie aus dem Medizinschrank eines Schiffs.

LA ROCHEJACQUELEIN 1903

Der französische Fünfmaster YANNICK hat nie existiert. Sehr traditionell die gestrickte Kappe. ▼

▲ Große Genauigkeit und Einfühlsamkeit. Alles ist maßstabsgerecht, sogar der Rudergänger. Arbeit eines großen Meisters.

107

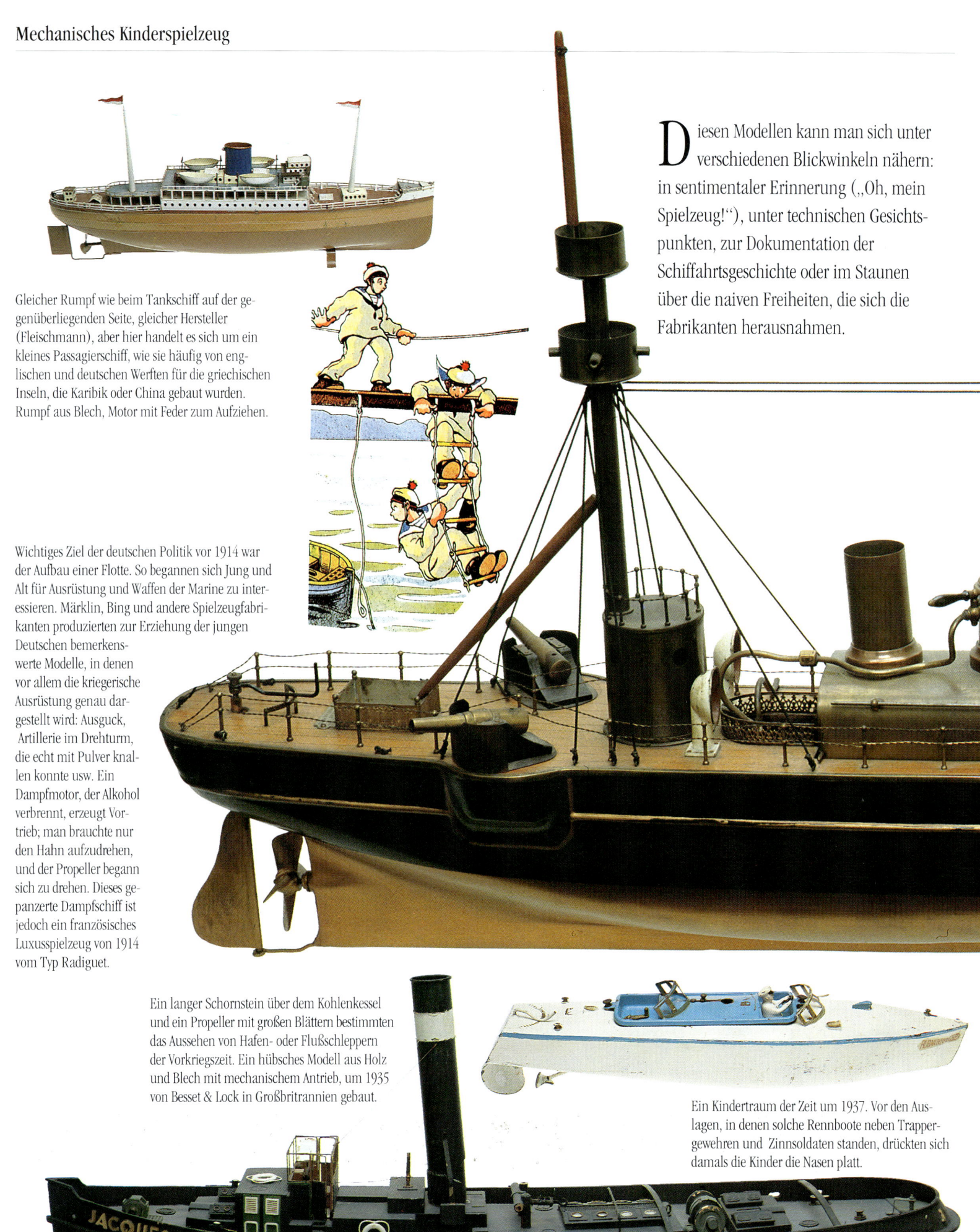

Gleicher Rumpf wie beim Tankschiff auf der gegenüberliegenden Seite, gleicher Hersteller (Fleischmann), aber hier handelt es sich um ein kleines Passagierschiff, wie sie häufig von englischen und deutschen Werften für die griechischen Inseln, die Karibik oder China gebaut wurden. Rumpf aus Blech, Motor mit Feder zum Aufziehen.

Diesen Modellen kann man sich unter verschiedenen Blickwinkeln nähern: in sentimentaler Erinnerung („Oh, mein Spielzeug!"), unter technischen Gesichtspunkten, zur Dokumentation der Schiffahrtsgeschichte oder im Staunen über die naiven Freiheiten, die sich die Fabrikanten herausnahmen.

Wichtiges Ziel der deutschen Politik vor 1914 war der Aufbau einer Flotte. So begannen sich Jung und Alt für Ausrüstung und Waffen der Marine zu interessieren. Märklin, Bing und andere Spielzeugfabrikanten produzierten zur Erziehung der jungen Deutschen bemerkenswerte Modelle, in denen vor allem die kriegerische Ausrüstung genau dargestellt wird: Ausguck, Artillerie im Drehturm, die echt mit Pulver knallen konnte usw. Ein Dampfmotor, der Alkohol verbrennt, erzeugt Vortrieb; man brauchte nur den Hahn aufzudrehen, und der Propeller begann sich zu drehen. Dieses gepanzerte Dampfschiff ist jedoch ein französisches Luxusspielzeug von 1914 vom Typ Radiguet.

Ein langer Schornstein über dem Kohlenkessel und ein Propeller mit großen Blättern bestimmten das Aussehen von Hafen- oder Flußschleppern der Vorkriegszeit. Ein hübsches Modell aus Holz und Blech mit mechanischem Antrieb, um 1935 von Besset & Lock in Großbritrannien gebaut.

Ein Kindertraum der Zeit um 1937. Vor den Auslagen, in denen solche Rennboote neben Trappergewehren und Zinnsoldaten standen, drückten sich damals die Kinder die Nasen platt.

MECHANISCHES KINDERSPIELZEUG

Segler haben hier keinen Platz; denn es geht um Mechanik. Also um Träume derer, die in den dreißiger Jahren Kinder waren und sich noch immer gerne daran erinnern, wie ihr Spielzeug aus emailliertem Blech nach wenigen Umdrehungen eines Schlüssels Leben gewann. Das waren schon demokratische Spielzeuge! Noch fünfzig Jahre zuvor konnten Straßenjungen nur von ferne beobachten, wie die kleinen Lords und Prinzen auf den Gewässern ihrer elterlichen Schlösser kostbare Dampfschiffe fahren ließen.

In den dreißiger Jahren machte die Erfindung eines Ingenieurs namens Cousinet auf dem Genfer See Furore: der Wassergleiter. Seine Enkel, die Tragflächenboote, verkehren heute als schnelle Fähren überall auf der Welt. Als Blechspielzeug mit Rümpfen, die der Autokarosserie nachempfunden waren, machten sie die Teiche der öffentlichen Parks unsicher. Doch war der Gummipropeller ungefährlich, und der Federmotor hatte nicht allzuviel Kraft. Nur über kurze Strecken flitzten sie wie der Wind.

„Made in Germany" kurz vor dem Krieg: Ein Tanker von rund 7000 Tonnen, mit klassischer Mittelbrücke, die eine bessere Sicht des Wachhabenden garantieren sollte. Dafür ist das Logis achtern, wo die Motorgeräusche am stärksten sind. Man kann die technischen Details bewundern, zum Beispiel die Einfüllstutzen auf dem Deck für die einzelnen Bunker und die Laufbrücke über das ganze Deck, auch das Reedereizeichen am Schornstein. Ein didaktisches Modell aus emailliertem Blech. Das Zeichen GFN auf dem Vordeck steht für die Spielzeugfabrik Fleischmann. ▼

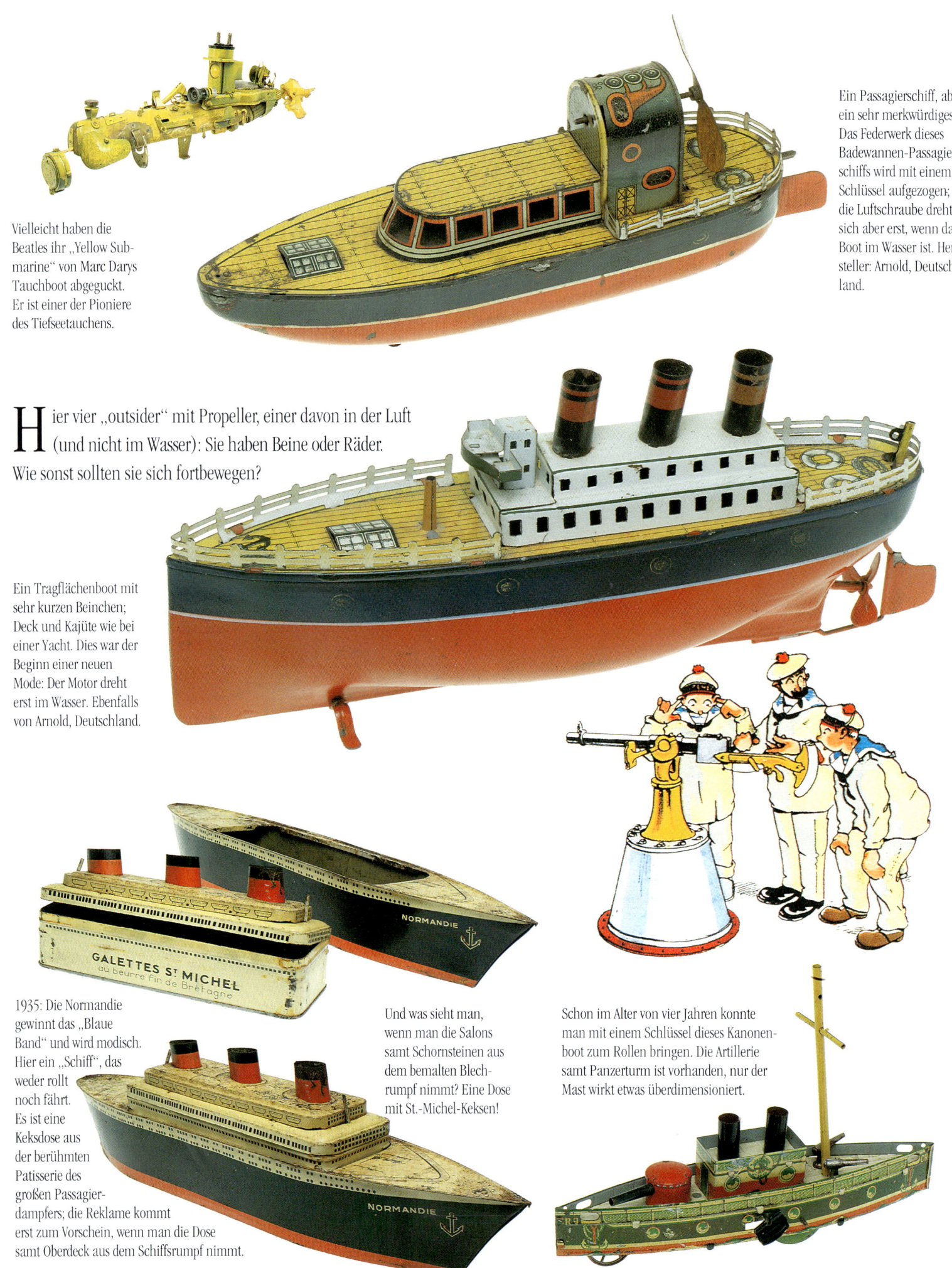

Vielleicht haben die Beatles ihr „Yellow Submarine" von Marc Darys Tauchboot abgeguckt. Er ist einer der Pioniere des Tiefseetauchens.

Ein Passagierschiff, aber ein sehr merkwürdiges. Das Federwerk dieses Badewannen-Passagierschiffs wird mit einem Schlüssel aufgezogen; die Luftschraube dreht sich aber erst, wenn das Boot im Wasser ist. Hersteller: Arnold, Deutschland.

Hier vier „outsider" mit Propeller, einer davon in der Luft (und nicht im Wasser): Sie haben Beine oder Räder. Wie sonst sollten sie sich fortbewegen?

Ein Tragflächenboot mit sehr kurzen Beinchen; Deck und Kajüte wie bei einer Yacht. Dies war der Beginn einer neuen Mode: Der Motor dreht erst im Wasser. Ebenfalls von Arnold, Deutschland.

1935: Die Normandie gewinnt das „Blaue Band" und wird modisch. Hier ein „Schiff", das weder rollt noch fährt. Es ist eine Keksdose aus der berühmten Patisserie des großen Passagierdampfers; die Reklame kommt erst zum Vorschein, wenn man die Dose samt Oberdeck aus dem Schiffsrumpf nimmt.

Und was sieht man, wenn man die Salons samt Schornsteinen aus dem bemalten Blechrumpf nimmt? Eine Dose mit St.-Michel-Keksen!

Schon im Alter von vier Jahren konnte man mit einem Schlüssel dieses Kanonenboot zum Rollen bringen. Die Artillerie samt Panzerturm ist vorhanden, nur der Mast wirkt etwas überdimensioniert.

Ein Kanonenboot, wie gemacht für den Yangtse zur Zeit des Boxeraufstands. Das große Schwungrad, das die Räder antreibt, gibt ihm eine Art Stampfbewegung. Hersteller: J. Hess, Deutschland.

Der Rumpf dieses Kanonenboots mit Dampfturbine der französischen Kriegsmarine, ca. 1880, ist sehr hübsch. Die 90-mm-Kanone zeigt nach vorne. Vor dem Schornstein der Hebel zum Ingangsetzen des Federwerks. Hersteller: Maltête & Parent. ▼

Der Spielzeugfabrikant Bing schuf eine ganze Flotte von „grauen Dampfern". Dieser hier, mit Rammbug und zwei Panzertürmen, könnte wohl in einer Flotte von Segelschiffen viel Unheil anrichten. Das Modell ist von realen Panzerschiffen im russisch-japanischen Krieg inspiriert. ▼

Nettes, dreirädriges Modell zum Aufziehen. Das Vorderrad ist exzentrisch, so daß es das Stampfen im Meer vortäuscht, das auch am Rammbug noch zu sehen ist. Dies sind wohl die ersten Panzertürme. Hersteller: Ismaier, Deutschland.

Dieses hübsche Dampferchen mit Rädern hört auf den Namen PARIS. Merkwürdigerweise trägt es am Heck die französische und am Bug eine holländische Flagge; es ist in Holland hergestellt. Ein schwimmender Palast aus Teak und Kupfer zum Ziehen, aber zugleich eine große Keksdose (70 cm).

PARIS

Von oben nach unten: Details vom Fockmast in Höhe der Saling mit dem Piekfall, das zugleich die Schotrah des Toppsegels führt.

Der Backbordanker in Ruhestellung am Schandeck achtern vom Bugstag.

Auf dem Vordeck die Nagelbank für die Ausholer der Klüver und den Niederholer der Stagfock; dahinter die Ankerwinde mit den Kettenklüsen.

Juffer und Taljereeps der beiden Unterwanten und des Vorstengewants; Spretlatten mit Belegnägeln in den Wanten und Nagelbänke vor dem Mast.

Zwei Oberlichter. Das Schonersegel mit losem Unterliek. Auf Deck Umlenkrollen und Belegklampen für Außenklüver und Stagfock und im Vordergrund die Backstagstalje.

Die kleine Plicht mit dem Steuerrad, die Handspaken aus Messing.

Der Bug von Backbord mit Bugspriet, Klüverbaum, Wasser- und Bugstagen.

Dieses Schonermodell wurde um 1890 zum Wettsegeln gebaut. Der Vollholzrumpf ist ausgehöhlt, das Boot schwimmt perfekt auf der Wasserlinie.

Die Vierkanttoppsegel mit Kopf- und Fußrah tragen wohl nicht allzuviel zum Vortrieb bei, wirken aber mit ihrem großen Gewicht im Topp direkt auf Stenge und Gaffel. Wir sind hier offenbar beim Übergang vom luggerartigen Stenge-Toppsegel zum effektiveren Gaffeltoppsegel ohne Rahen.

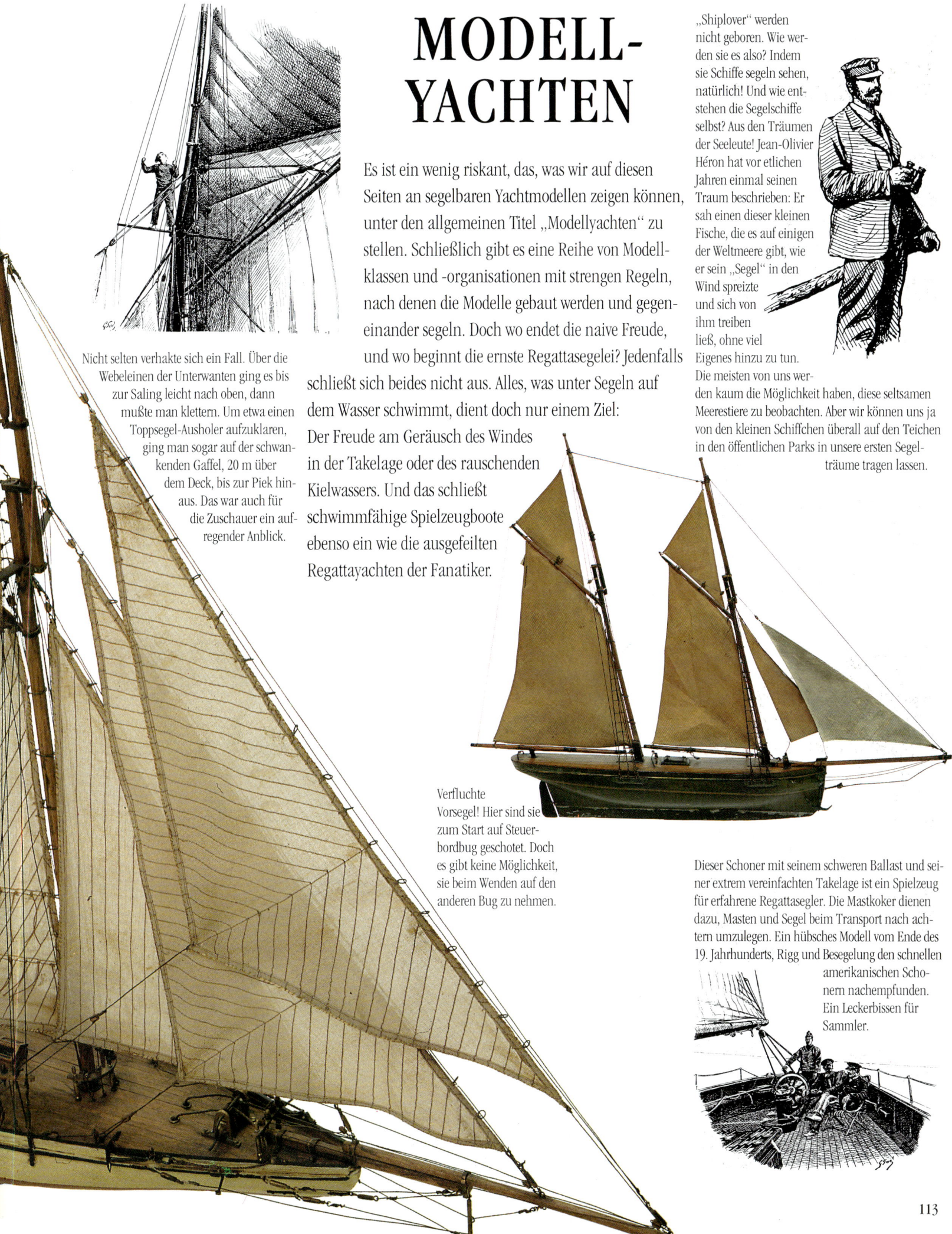

MODELL-YACHTEN

Es ist ein wenig riskant, das, was wir auf diesen Seiten an segelbaren Yachtmodellen zeigen können, unter den allgemeinen Titel „Modellyachten" zu stellen. Schließlich gibt es eine Reihe von Modellklassen und -organisationen mit strengen Regeln, nach denen die Modelle gebaut werden und gegeneinander segeln. Doch wo endet die naive Freude, und wo beginnt die ernste Regattasegelei? Jedenfalls schließt sich beides nicht aus. Alles, was unter Segeln auf dem Wasser schwimmt, dient doch nur einem Ziel: Der Freude am Geräusch des Windes in der Takelage oder des rauschenden Kielwassers. Und das schließt schwimmfähige Spielzeugboote ebenso ein wie die ausgefeilten Regattayachten der Fanatiker.

„Shiplover" werden nicht geboren. Wie werden sie es also? Indem sie Schiffe segeln sehen, natürlich! Und wie entstehen die Segelschiffe selbst? Aus den Träumen der Seeleute! Jean-Olivier Héron hat vor etlichen Jahren einmal seinen Traum beschrieben: Er sah einen dieser kleinen Fische, die es auf einigen der Weltmeere gibt, wie er sein „Segel" in den Wind spreizte und sich von ihm treiben ließ, ohne viel Eigenes hinzu zu tun. Die meisten von uns werden kaum die Möglichkeit haben, diese seltsamen Meerestiere zu beobachten. Aber wir können uns ja von den kleinen Schiffchen überall auf den Teichen in den öffentlichen Parks in unsere ersten Segelträume tragen lassen.

Nicht selten verhakte sich ein Fall. Über die Webeleinen der Unterwanten ging es bis zur Saling leicht nach oben, dann mußte man klettern. Um etwa einen Toppsegel-Ausholer aufzuklaren, ging man sogar auf der schwankenden Gaffel, 20 m über dem Deck, bis zur Piek hinaus. Das war auch für die Zuschauer ein aufregender Anblick.

Verfluchte Vorsegel! Hier sind sie zum Start auf Steuerbordbug geschotet. Doch es gibt keine Möglichkeit, sie beim Wenden auf den anderen Bug zu nehmen.

Dieser Schoner mit seinem schweren Ballast und seiner extrem vereinfachten Takelage ist ein Spielzeug für erfahrene Regattasegler. Die Mastkoker dienen dazu, Masten und Segel beim Transport nach achtern umzulegen. Ein hübsches Modell vom Ende des 19. Jahrhunderts, Rigg und Besegelung den schnellen amerikanischen Schonern nachempfunden. Ein Leckerbissen für Sammler.

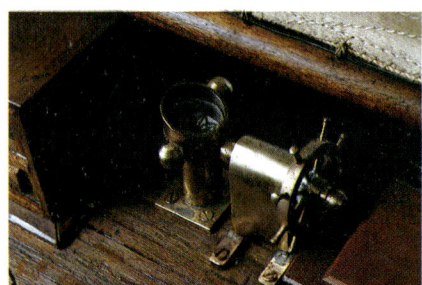

Wer hätte sich damals angesichts all dieser robusten Fischerboote und Handelsschiffe die riesigen Flotten unserer segelnden Plastikboote und -yachten vorstellen können?

I n den dreißiger Jahren dieses Jahrhunderts ging die Zeit der großen Segelschiffe endgültig zu Ende. Die letzten französischen Großsegler kamen nach einer ehrenvollen Regatta auf der Weizenroute von Australien nach Europa auf den Schiffsfriedhof im Canal de la Martinière an der Loire-Mündung, wo zeitweise bis zu 30 Drei- und Viermaster lagen. Die Masse der kleinen Serienyachten entstand erst in den fünfziger Jahren. Dazwischen gab es eine neue Blüte der Hochseeyachten. AILÉE II ist ein wichtiges Beispiel.

Von oben nach unten: Um bei reduzierter Besatzung leichter und sicherer wenden zu können, sind alle drei Stagsegel mit Bäumen ausgestattet. Hier das Großstagsegel, darunter das Beiboot.

Die Backbord-Seitenlaterne für Petroleum in maßstabsgerechter Ausführung.

Am Heck in Gold auf himmelblauem Untergrund der Schiffsname.

Belegklampen und Umlenkrollen für die Vorsegelschoten.

Der Ruderstand mit Steuerrad und Kompaß inklusive Kompensierkugeln.

Auf der großen AILÉE, heißt es, konnte man durch die Oberlichter im Deckshaus das unwahrscheinliche Dekor aus verschiedenartigen Hölzern in der Kajüte sehen, hergestellt mit der erstaunlichen Kunstfertigkeit der englischen „cabinet maker".

Deck und Schandeck aus lackiertem Mahagoni sind die noble Basis für die Bronzebeschläge.

AILÉE II wurde 1928 in Gosport bei Camper & Nicholson für Virginie Hériot gebaut. Ihr wunderschönes Modell mit Rumpf aus ausgehöhltemVollholz mißt 1,27 m über Alles. ▼

In ihrer Zeit war die Takelung der AILÉE sehr populär. Der Segelplan war stark unterteilt und deshalb leichter zu handhaben; die Grundbesegelung mit den beiden Stagsegeln (Fisherman') war relativ klein und wurde durch die an Fock- und Großmast gefahrenen Segel verdoppelt. Der nächste Schritt war, diese Segel wegen des besseren Segeltrimms mit Spreizgaffel (Wishbone) auszurüsten.

Ein kleines Fischerboot sollte in unserem Überblick nicht fehlen. Manche sind von erstklassiger Qualität und Schnelligkeit. Nach ihrem Vorbild gebaute Modelle sind schließlich schon seit hundert Jahren Ferienspielzeug für die Kinder. Hergestellt mit dem einfachen Werkzeug des Holzschuhmachers, mit braunen Segeln, dunklem Rumpf und farbig abgesetzter Leiste, sind sie doch erstaunlich ◄ seetüchtig.

Dieses kleine Modell eines Cat-Boots mit Gaffelrigg ist auf Spanten gebaut und hat einen starken Ballastkiel, war also zweifellos zum Regattasegeln bestimmt. Die ovale Plicht entspricht der kurzen und breiten Form.

Bei all diesen kleinen Bootsmodellen lohnt es sich, genau hinzuschauen und nachzudenken. Es gibt so viele oft überraschende Details zu entdecken, und oft führen sie einen erst auf die Spur der Geschichte.

Das Heck von AILÉE II. ▼

Diese Schotführung war auf Yachten lange üblich: eine Talje, deren unterer Block auf einem Leitwagen gleitet und auch festgesetzt werden kann.

Ein hübsches Modell vom Anfang des Jahrhunderts mit Flieger und Topp-segel, 90 cm lang, auf Spanten gebaut, mit Ballastkiel.

GREEBA ist eine typische Modellyacht für Regatta-zwecke. Wenn solche Boote auf einem Teich mitten in der Großstadt gegeneinander antreten, sammelt sich schnell eine Menschenmenge. Fernge-steuert gehen sie sogar auf olympische Dreiecks-kurse – ganz wie die großen Regattayachten. Und dabei gelten ebenso strenge Regeln. Die Yachten werden nach Länge, Masthöhe, Ballast und Segelfläche vermes-sen (s. oben das Vermes-sungszertifikat der GREEBA). Solch eine Regatta-Modellyacht ist auch nicht billig; sie muß genau in die For-meln ihrer Klasse hinein-konstruiert werden. Und die echten Regatta-freaks, wohl ausnahmslos in Modellyacht-Vereinen organisiert, reisen dabei von Regatta zu Regatta wie die großen.

Internationale Klasse „M" 50/800. Auszug aus den Vermessungsregeln. Verboten ist:
1. Beweglicher Kiel.
2. Schmaler, senkrechter Kiel ohne runden Über-gang zum Kielgang.
3. Ein Kielgang, der mitt-schiffs enger als 1 Zoll 4 ist. Mittel- oder Lateral-schwerter.
5. Bugspriet und Klüverbaum.
6. Über den Rumpf hinaus-stehende Ruder.

Markierungen auf Spieren und Stagen: Alle Meßpunkte der Segel müssen auf Spie-ren und Stagen mit schwarzem Band von 1/16 Zoll (1,58 mm) angezeigt werden, wobei die Segel diese Markie-rungen nicht über-schreiten dürfen; diese Bänder müssen vom Vermesser angebracht werden.

Die Modellyacht GREEBA ist 1,80 m lang, 0,39 m breit und hat eine Masthöhe von 2,20 m. Der Hals der Fock ist regulierbar. Der Aluminium-Großmast wird von zwei Wanten und einem Achterstag gehalten. Das Ruder sitzt an einem Skeg und ist über eine Feststellpinne zu steuern.

Auszug aus den Regattaregeln:

Unterscheidungszeichen: Jedes Boot muß im Großsegel sein Klassenzeichen und seine Registriernummer führen, die mit den entsprechenden Angaben im Vermessungszertifikat übereinstimmen. Diese Zeichen müssen schwarz und in bestimmter Größe sein. **Startplatz:** Die Startplätze auf Vorwind- und Amwindkursen werden bei jedem Start gelost. Der Sieger wählt seinen Platz.

Punkte: Die Punkte werden folgendermaßen ermittelt: – 3 Punkte für einen Sieg am Wind; – 2 Punkte für einen Sieg bei achterlichem oder halbem Wind.

Der Skipper bleibt an Land und steuert sein Modell aus der Ferne; gerade deshalb muß er sich gut auf die Kunst des Segelns verstehen. So kann das Modellsegeln eine gute Schule für den Regattasegler sein.

Der Maler und Segler Marin-Marie erfand für die Atlantiküberquerung mit seiner WINNIBELLE Anfang der dreißiger Jahre eine Windfahnen-Selbststeuerung, die nicht ohne Einfluß auf die Modellyachtbauer war.

Auf Fock- und Großbaum erkennt man Millimeter-Einteilungen für den Segeltrimm.

Von oben nach unten :
– Komplizierte und durchdachte Windfahnensteuerung mit Rollen aus Nylon und Buchsen aus Reflon.
– Verstellbare Fockbaumregulierung mit Zahnstange und Schieber.
– Einstellvorrichtung für den Mastfall.
– Umlenkrolle der Großschot.

Dieser feine, auf Spanten gebaute, stark beballastete Rumpf konnte nur mit einem Griff unter dem Schiebeluk hochgehoben werden. Eine Modellyacht aus den fünziger Jahren.

MODELLMASCHINEN

Wie wir sehen werden, baute man Modellmaschinen aus drei Gründen: Bevor eine Maschine oder ein Schiffsteil in natürlicher Größe gebaut werden konnten, diente das Modell dazu, den skeptischen Verantwortlichen etwas Sichtbares vorzuführen, um einen Bauvertrag zu bekommen. War das Stück gebaut, konnte das Modell Lehr- und Ausbildungszwecken dienen. Und wenn schließlich Maschine oder Schiff verschwunden waren, erhielt das Modell die Erinnerung daran – oder wurde zu diesem Zweck von Nostalgikern rekonstruiert.

Voith war ein Pionier des Verstellpropellers und ist heute ein Hersteller revolutionärer Antriebssysteme.

Zweizylinder-Dampfmaschine. Er hat sie geliebt, im Modell konstruiert und als sein Werk bezeichnet: „Louis Pouplain, Chef-Mechaniker der Marine". ▼

▲ Modell einer Maschine für Raddampfer mit doppeltem Zylinder.

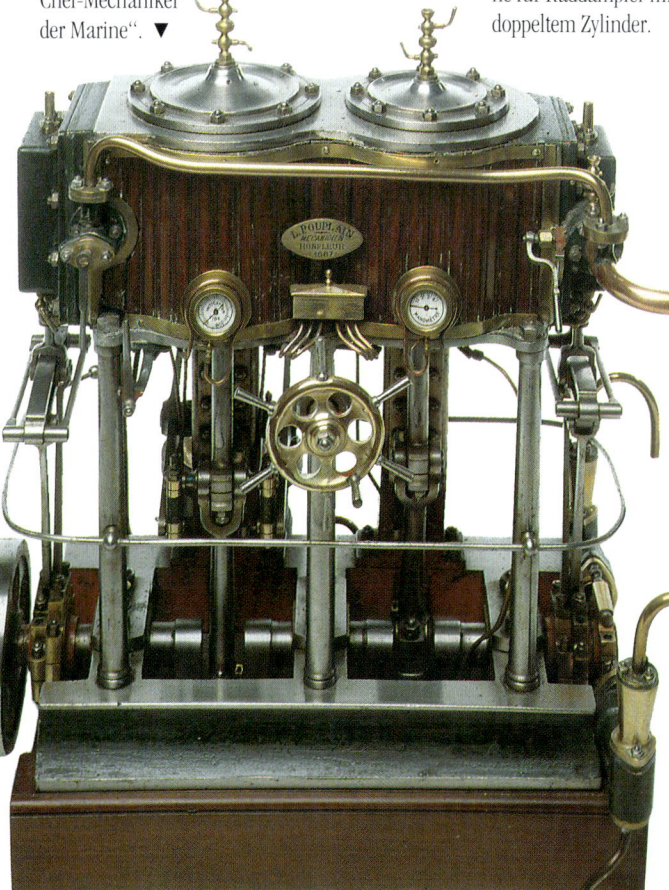

Diese ▶ bewundernswerte Rekonstruktion zeigt, wie eine Schiffskanone gehandhabt wurde: die Geschützpforte, deren Luke mit einer Talje offengehalten wird, die Kanone auf ihrer Lafette samt Brooktau (zum Auffangen des Rückstoßes), Kanonentakel, Setzer und Ladeschaufel – alles schießbereit. Diese Schiffskanonen waren die tägliche Umgebung der Matrosen in den Zwischendecks, ja sogar ihre nächtliche Umgebung; denn sie schliefen neben ihnen.

Ein didaktisches Modell zur Instruktion von Schiffsbauern und -offizieren. Ein Schnitt durch den Hauptspant eines Holzschiffs, in dem jedes Teil seine präzise, unverwechselbare Bezeichnung hat. Noch heute beeindruckt uns dieses genaue und widerstandsfähige Modell.

Ob Torpedo oder Anker mit beweglichen Armen: Diese Erfindungen waren so erstaunlich, daß die Arbeiter in den Arsenalen sie im Modell behalten und vorzeigen wollten.

Mit der Zeit vergehen selbst die besten Modelle. Ihre Restaurierung erfordert große Sensibilität. Was der Konstrukteur wollte, ist dabei vielleicht die entscheidende Frage.

▲ Ob es sich um eine Kanone auf Gleitlafette oder um eine Kanone aus einem Küstenfort handelt – die Vorstellungskraft der Modellbauer erschuf die Wirklichkeit wieder. Oft konnten diese Miniaturkanonen sogar wirklich schießen.

Modellmasten im Koffer: Nichts fehlt zur Bemastung eines Dreimast-Rahseglers: Untermasten, Mars-, Bram- und Royalstengen, Rahen, Marsen, Salinge. Der Koffer diente einem Instrukteur der Schule der Kaiserlichen Französischen Marine zur Demonstration seines Wissens.

Ankerspill mit drei Handhebeln für sechs Mann. Kann man sich nicht vorstellen, daß der Konstrukteur dieses schönen Modells noch wenige Jahre zuvor beim Einholen der langen Anker-

ketten stundenlang mit schmerzendem Rücken an solch einem Spill gearbeitet hat?

Heckaufbau eines Schiffes. Am Modell werden die äußeren Linien deutlich, aber auch die relativ komfortable Innenausstattung.

Traditionell und recht englisch ist dieses Andenken an den Militärdienst. Das Kriegsschiff im Rettungsring zum Aufhängen im Wohnzimmer: In der Erinnerung überwiegen die guten Momente die verlorene Zeit.

Handtäschchen für Damen. Schließen und Perlen wurden im Bazar des Hafens gekauft. Die Motive entstammen der sentimentalen Seele des Matrosen, aber niemand lachte darüber im Quartier.

Jeder macht das, was er kann: Der eine bearbeitet die rohen Dinge, die er in der Seemannswelt vorfindet, und kompensiert damit vielleicht die Armseligkeit seines Lebens in Abhängigkeit von diesen Dingen; der andere verarbeitet kleine Schätze, die er in seiner Seekiste mitgebracht hat.

MATROSEN-ARBEITEN

Damals gab es weder Radio noch Fernsehen noch eine Sprechverbindung zum Land. Man war Teilnehmer an einem Abenteuer, den Gefahren der See ausgesetzt, abgeschnitten vom normalen Leben der Menschen. Die Männer auf den Hochseeseglern schufen sich eine eigene Zivilisation, die dennoch immer Bezug hatte zum Leben an Land, wenn man nach den vielen unbeachteten kleinen Dingen urteilen darf, die sie in ihrer Freizeit an Bord herstellten. Es waren Geschenke oder Geräte für den Hausrat, die nie ihre maritime Herkunft verleugneten.

Albatrosschnabel auf einem Holzsockel. Ein Schnabel von beträchtlicher Länge, würdig einer Offiziersmütze oder gar eines Kapitänsmantels.

Alle diese Dinge sind nicht für den Bordgebrauch gemacht; was man dort benötigte, mußte der Reeder liefern. Dieses Garderobenbrett war für das eigene Zuhause, Siegeszeichen eines unbekannten Seemanns über fünf Albatrosse, deren gefräßige Schnäbel zum Dienst an Land versetzt wurden.

In solcher einer Mannschaftskajüte, in der man dicht beieinander lebte, ist die Mehrzahl dieser Matrosenarbeiten entstanden. Waren sie fertig, mußten sie bis zur Heimkehr in einer Ecke der engen Koje verstaut werden.

Die Matrosen früherer Zeiten standen auf Kriegsfuß mit den Albatrossen. Sie fingen sie und machten aus ihnen „nützliche Dinge", aus den Füßen zum Beispiel einen Tabaksbeutel (links) oder Briefbeschwerer (rechts).

◄ „Jack tar", die sentimentale „Teerjacke", stopft das Leinenherz mit Kapok anstelle von Seufzern und schmückt es mit Perlen, Sprüchen und Symbolen, um es seiner Braut als Nadelkissen anzubieten. Wird sie ihm untreu, sticht jede Nadel ins Herz des Matrosen.

Ein kleiner Bilderrahmen, fein gearbeitet und mit originellem Schmuck.

S ie haben kaum Werkzeuge außer Messer und Segelnadel. Und doch bringen sie mit Geduld erstaunliche Arbeiten zustande.

Dieses Halsband ist typisch, weil es die ▲ Geduld und Kunstfertigkeit zeigt, die im geheimnisvollen Zusammenstecken der ausgeschnittenen Teile zu einer endlosen Kette steckt.

Diese Uhrkette, vor- ► gesehen für eine Westentasche, hätte auch die Arbeit eines Goldschmieds sein können. Manchmal, aber nicht häufig, finden sich solche feinen Arbeiten.

Dieses originale Futteral für einen ► hölzernen Marlspieker ist ein feines Beispiel für eine Matrosenarbeit.

Die Griffe der Seekiste wurden sowohl an Bord wie vor dem Einschiffen an Land hergestellt. Dieser hier ist ein Loblied auf die Kunstfertigkeit des Matrosen. ▼

Vielleicht ist dies ein Kinderspielzeug, das aussieht wie ein Apfelbaum. Hergestellt ist es aus verschiedenartigen Knoten und Steken; der Sinn mag dunkel bleiben, doch dekorativ ist es bestimmt. ▼

Solche Bilder wurden von Matrosen auf Urlaub oder in Pension hergestellt. Sie imitieren die Souvenirs in den Hafenstädten, sind aber oft besser, manchmal sogar kleine Kunstwerke. ▼

Der Tampen am Klöppel der Schiffsglocke ist eines der wenigen nützlichen Teile, an dem sich die Knotenkunst der Matrosen austoben konnte. Die möglichen Varianten ◄ sind unzählbar.

▲ Ein wirklich sentimentaler Fotorahmen mit Anker und Rettungsring. Name und Datum sind eingraviert und mit Gold ausgelegt. Der unbekannte Seemann muß seine Louisette sehr geliebt haben.

Drei Jahrhunderte lang dienten solche Rechenstäbe Seeleuten und Artilleristen für geometrische und logarithmische Berechnungen. Erst die modernen Tafelwerke lösten sie ab. Die Genauigkeit dieses graphischen Rechenstabs reichte aus. Dieses schöne Stück aus Walbein gehörte zur Ausrüstung eines Architekten.

Die Klinge dieses Fischermessers ist wohl nur aus einfachem Eisen, aber das Heft ist aus Elfenbein, mit eingravierten ◄ Symbolen der Lappen.

Gleich nach seiner Installation im Eingang des Naturkundemuseums in Paris wurde das Walskelett zum Anziehungspunkt für viele Menschen.

Ihr zartes Herz und der Vorgeschmack auf Gaumenfreuden an Land brachten Matrosen dazu, die verschiedenartigsten Tischdekorationen herzustellen. Besonders amerikanische Seeleute waren wahre Meister in der Anfertigung solcher Objekte.

Als Scrimshaws gibt es bloß dekorative und nützliche Dinge. Doch auch, wer nur nützliche Dinge herstellte, nahm oft lieber das schöne „Elfenbein der See" als andere edle Materialien.

Für solche Elfenbeinarbeiten (oben) war besonders Dieppe bekannt. Wie dieser Fischer in traditioneller Kleidung waren die kleinen Figuren häufig Nadeletuis. Rechts ein Walzahn, dessen etwas rohe Gravur den Amateur erkennen läßt.

Solche Spazierstöcke aus Walknochen oder Haiwirbeln waren traditionelle Geschenke der Matrosen an einen Kapitän. Sie bedankten sich damit für gute Küche und ausreichende Getränke auf langer Fahrt. Manchmal sind es wahre Kunstwerke, deren Knauf mit Figuren aus Walzahn oder mit Albatrosschnäbeln verziert ist.

Matrosenpfeife von einem Walfänger Ende des 18. Jahrhunderts und Mundstück einer Signalpfeife als verziertes Damenbein mit Schuh.

KNOCHEN UND ELFENBEIN: SCRIMSHAWS

Aus Knochen und dem „Elfenbein des Meeres", Pottwalzähnen, Kiefer und Wirbel von Walen und anderen großen Fischen, besteht das Material der Künstler und Kunsthandwerker auf den Walfangschiffen. Diese Materialien, die sie mit Harpune oder Haken selbst gefangen hatten, stellten einen symbolischen Bezug zu ihrem Beruf her. Sie jagten, fingen und markierten ihre Beute, und der Schmuck oder die Nutzgegenstände, die sie daraus fertigten, trugen noch immer das Zeichen dieser Arbeit.

Pottwalzahn, geschnitzt in Form einer geschlossenen Faust, von beiden Seiten gesehen. Nimmt man die Faust ab, findet man innen (wenn man gut sucht) einen Behälter für „magische Medizin". Das war die Esoterik der Geheimgesellschaften, die vielleicht an die Symbolik mediterraner Ex-Votos anschließt, in der ein Arm oder ein Bein an eine Rettung aus der Not erinnern soll. Solche Stücke sind sehr selten.

Vorsicht vor Fälschungen! Sind die Walzähne japanischer Herkunft aus purem Harz, oder sind sie echt? Ist die Gravur mit der Nadel gemacht oder vielleicht mit Säure oder dem feinen Zahnarztbesteck?

Gravur auf einem Pottwalzahn mit einer Hafenszene. Das kam nicht selten vor.

Oben eine Korsettstange aus poliertem Knochen, mit der sich die Schönen von 1850 schlanker zu machen versuchten. Rechts eine gravierte Platte aus Walkiefer.

Ein Pottwalzahn-Paar mit Motiven eines Freibeuters und einer Zigeunerin. Recht selten ist die mehrfarbige Zeichnung.

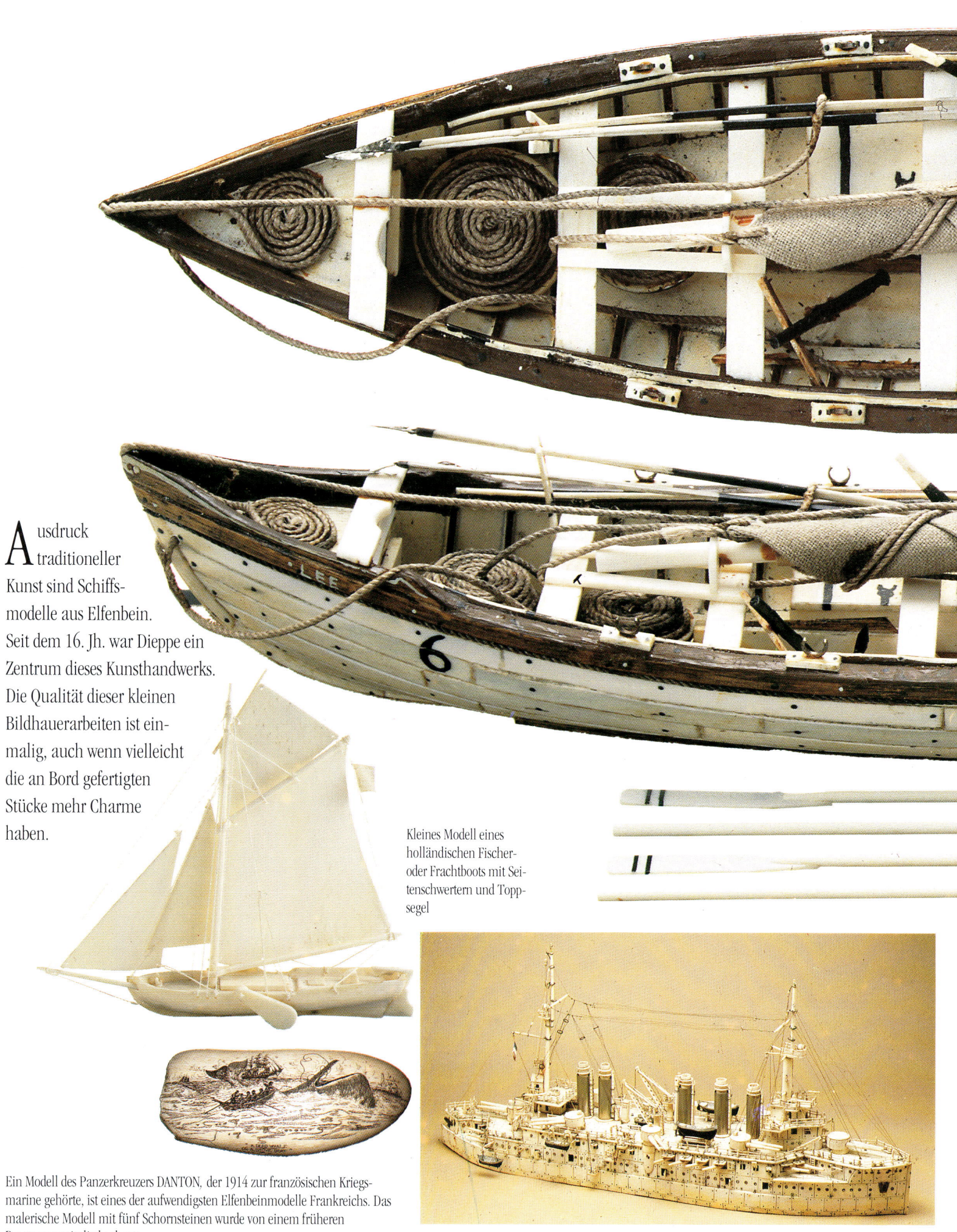

Ausdruck
traditioneller
Kunst sind Schiffs-
modelle aus Elfenbein.
Seit dem 16. Jh. war Dieppe ein
Zentrum dieses Kunsthandwerks.
Die Qualität dieser kleinen
Bildhauerarbeiten ist ein-
malig, auch wenn vielleicht
die an Bord gefertigten
Stücke mehr Charme
haben.

Kleines Modell eines
holländischen Fischer-
oder Frachtboots mit Sei-
tenschwertern und Topp-
segel

Ein Modell des Panzerkreuzers DANTON, der 1914 zur französischen Kriegsmarine gehörte, ist eines der aufwendigsten Elfenbeinmodelle Frankreichs. Das
malerische Modell mit fünf Schornsteinen wurde von einem früheren
Besatzungsmitglied gebaut.

Seltenes und schönes Modell eines Walboots von den Azoren aus Knochen und Elfenbein, auf Spanten gebaut, mit der vollständigen Ausrüstung bis hin zu den Harpunen, der Besegelung, den Riemen und dem Heckruder mit Pinne; Ende 19. Jh. Ähnliche, mehr kommerzielle Modelle werden auch heute noch auf den Azoren gebaut.

S eit die Jagd auf Wale so gut wie beendet ist, müssen sich die Liebhaber der Modelle aus dem „Elfenbein des Meeres" mit Antiquitäten begnügen. Sollte es noch neue Stücke geben, ist doch ihre Einfuhr verboten.

Typisches feines Kunsthandwerk aus Dieppe. Die Segel sind so fein aus Walzahn herausgefeilt, daß das Licht durchscheint, ebenso Wanten und laufendes Gut und die mikroskopisch kleinen Blöcke, die vom seemännischen Wissen des Handwerkers zeugen. Das Ganze ist durch eine Halbkugel aus Glas geschützt, doch vor Stößen nicht sicher. Gerade diese Glaskugeln, die genau in den Rand des Sockels passen, sind nicht zu reparieren und auch nicht mehr zu finden.

Im 19. Jh. gab es unzählige Darstellungen des Walfangs in Malerei und Gravur. In diese Epoche fiel tatsächlich der Höhepunkt des Walfangs, der mit der fast vollständigen Ausrottung der wertvollen Riesentiere endete. Pottwale tötete man schließlich nur noch, um ihnen die Kiefer zu entreißen und daraus die Zähne auszuschlagen.

Scrimshaw ist ein unübersetzbares Wort angelsächsichen Ursprungs. Es bezeichnete zunächst alle Kunstgegenstände, die Matrosen auf den segelnden Walfängern herstellten, wurde aber später auf alles ausgeweitet, was auch an Land mit Bezug zum Meer produziert wurde.

Es sei daran erinnert, daß es die beiden Unterordnungen der Bartenwale und der Zahnwale gibt. Aus den Barten, vom Oberkiefer herabhängenden Hornplatten, machte man bis in die zwanziger Jahre noch die berühmten Korsettstützen.

Streichholzetui von 1840 in Form eines Buches aus reich graviertem Walbein.

Die kleinen Sonnenuhren aus Knochen und Walbein mit festem Schattenstift (nur für eine gegebene Breite geeignet), die von professionellen Sonnenuhrmachern hergestellt wurden, kann man nicht als Scrimshaw bezeichnen.

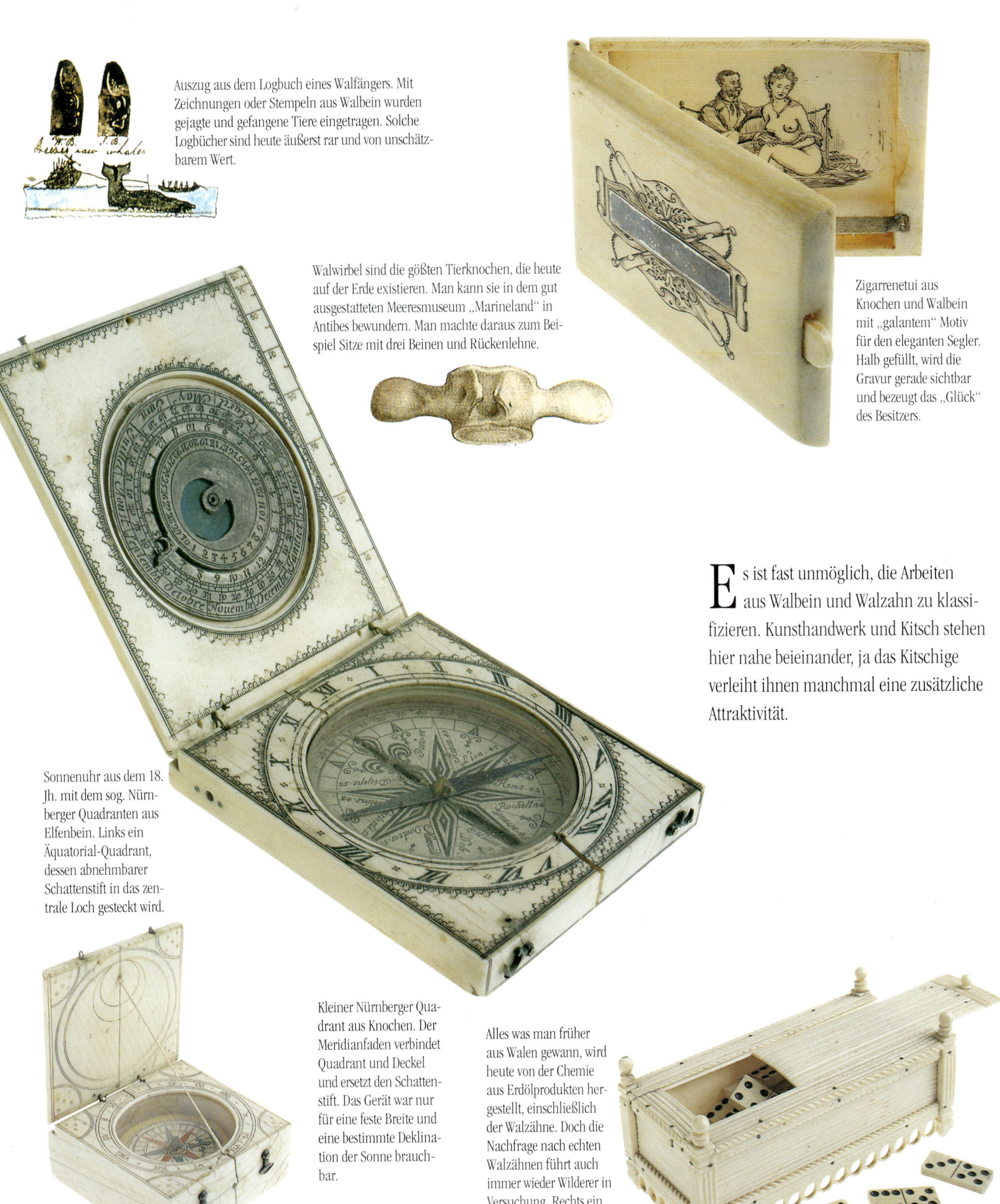

Auszug aus dem Logbuch eines Walfängers. Mit Zeichnungen oder Stempeln aus Walbein wurden gejagte und gefangene Tiere eingetragen. Solche Logbücher sind heute äußerst rar und von unschätzbarem Wert.

Walwirbel sind die gößten Tierknochen, die heute auf der Erde existieren. Man kann sie in dem gut ausgestatteten Meeresmuseum „Marineland" in Antibes bewundern. Man machte daraus zum Beispiel Sitze mit drei Beinen und Rückenlehne.

Zigarrenetui aus Knochen und Walbein mit „galantem" Motiv für den eleganten Segler. Halb gefüllt, wird die Gravur gerade sichtbar und bezeugt das „Glück" des Besitzers.

E s ist fast unmöglich, die Arbeiten aus Walbein und Walzahn zu klassifizieren. Kunsthandwerk und Kitsch stehen hier nahe beieinander, ja das Kitschige verleiht ihnen manchmal eine zusätzliche Attraktivität.

Sonnenuhr aus dem 18. Jh. mit dem sog. Nürnberger Quadranten aus Elfenbein. Links ein Äquatorial-Quadrant, dessen abnehmbarer Schattenstift in das zentrale Loch gesteckt wird.

Kleiner Nürnberger Quadrant aus Knochen. Der Meridianfaden verbindet Quadrant und Deckel und ersetzt den Schattenstift. Das Gerät war nur für eine feste Breite und eine bestimmte Deklination der Sonne brauchbar.

Alles was man früher aus Walen gewann, wird heute von der Chemie aus Erdölprodukten hergestellt, einschließlich der Walzähne. Doch die Nachfrage nach echten Walzähnen führt auch immer wieder Wilderer in Versuchung. Rechts ein Dominospiel mit einem Kästchen aus gedrechseltem Walbein, Matrosenarbeit aus dem 19. Jh.

Bei den Intarsienarbeiten aus Stroh oder Holz machen Schnitt und Zusammensetzen der Teile die Qualität der Arbeit aus. Die Komposition ist immer raffiniert, zeugt aber von den Beschränkungen der naiven, dekorativen Kunst. Nicht selten hat sie auch dokumentarischen Wert.

▲ Im Rahmen und unter Glas: Die Reede von Portoferraio auf Elba. Nach dem Raddampfer wird das Stück auf ca. 1840 datiert.

I st die Palette der Gelbtöne der zerbrechlichen Strohhalme sehr reich, so handelt es sich mit einiger Sicherheit um eine Atelierarbeit.

Auf dem Deckel eine Seelandschaft. Ist der Schlüssel gedreht, erscheint darunter ein ruhiges Bild, das zum Nähkästchen paßt.

Manchmal ist das Seestück auch im Kästchen verborgen. Hier ziert den Deckel die berühmteste Szene des Wilhelm Tell. Die Strohstückchen sind sehr fein und nuanciert angebracht.

INTARSIEN AUS HOLZ UND STROH

Die Intarsienarbeiten aus Stroh scheinen genauso alt zu sein wie die Intarsienarbeiten aus Holz. Allerdings sind die Kästchen und Tafeln mit Seestücken nach den Typen der dargestellten Schiffe durchaus zu datieren. Die ältesten Arbeiten stammen wohl vom Ende des 18. Jahrhunderts; Ende des 19. Jahrhunderts starb dieses Kunsthandwerk aus. Mit seltenen Ausnahmen sind es jedoch keine Matrosenarbeiten. Dieses Kunsthandwerk war in den Hafenstädten angesiedelt. Es arbeitete für die Matrosen, die Geschenke mit nach Hause bringen wollten.

„Einfahrt zum Hafen von Marseille". Damit man es auch glaubte, steht es als Legende unter dem Mosaik aus Stroh, das die Mädchen im kommerziellen Atelier hundertfach wiederholten.

▲ Wie die gebrochenen Masten zeigen, hat dieses Schiff seiner „Gracious Majesty", das nun unter dem Mastenkran liegt, in einer Seeschlacht gelitten. Das ergibt auch eine Datierung: die Seekriege des Vereinigten Königreichs von Britannien.

Deckel in klassischer ▶ Holz-Intarsienarbeit mit der Darstellung eines schnellen amerikanischen Schoners.

◀ Kleines Nadeldöschen mit Stroh-Intarsien und Gravuren, ähnlich wie die Streichholzdosen, aber viel zerbrechlicher.

Wo und wann? Immer wieder bedauert der Sammler, daß nicht irgendwo in einer versteckten Ecke des Kästchens ein Datum oder eine Signatur zu finden ist.

Diese Sparbüchse mit Holzintarsien, die das Feuerschiff NORE zeigt, ist mit Sicherheit englischer Abstammung.

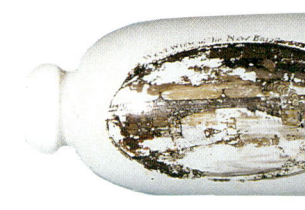

Ein Holzköfferchen aus Rouen, ca. 1830. Bunt bemalt, großflächiges Blumenmuster, ein dünner Tragegriff und ein Schloß, das das einzig Schwere zu sein scheint.

SOUVENIRS DER MATROSEN

Abfahrt und Ankunft. Zwischen diesen beiden nostalgischen Punkten liegt das Leben des Seemanns, und meistens ist es Abwesenheit. Seeleute machten diese Punkte unverkennbar durch Geschenke an Verlobte, Frau, Mutter oder einen Freund. Jeder Hafen entwickelte dabei spezielle Sitten. Wir haben zwei herausgesucht: die „rolling pins" aus England und die Holzköfferchen aus Rouen in Frankreich. Beides sind empfindliche Objekte – doch beide sind Zeichen für die Liebe, die auch Zeit und Entfernung überwindet.

D ie „rolling pins" aus geblasenem farbigen Glas, offenbar Nachbildungen von Kuchenrollen, waren Zeichen häuslicher Tugenden. Neben Knittelversen findet man diverse nautische Motive. In jedem Hafen gab es eine große Auswahl.

▲ Blumenmuster umrahmen den Spruch, mit dem der ferne Geliebte die Erinnerung wachhalten will. Schiffsmotiv und Kompaßrose sollen wohl die Rückkehr in den richtigen Hafen symbolisieren.

Ein weiteres Köfferchen aus Rouen, langgestreckt wie eine Seekiste. Verzierung mit zarten Blumenmustern. Die Rückseite ist blau gestrichen und nie dekoriert. Das Innere ist oft mit Papier ausgelegt, das gepunktet oder einfarbig gestrichen ist.

Den heimgekehrten Matrosen stellte man sich manchmal exotisch mit Affen und Papagei vor. Hier eine Darstellung von einem Halstuch.

Die „rolling pins", die mit Salz gefüllt in der Küche hingen, sollten auch das böse Geschick abhalten.

Für eine Ehefrau: „When this you see remember me" (Wenn dies du siehst, erinnere dich an mich).

Die Köfferchen aus Rouen sind aus bemalter Buche. Matrosen schenkten sie ihrer Geliebten, die Häkelzeug und Liebesbriefe darin unterbrachte.

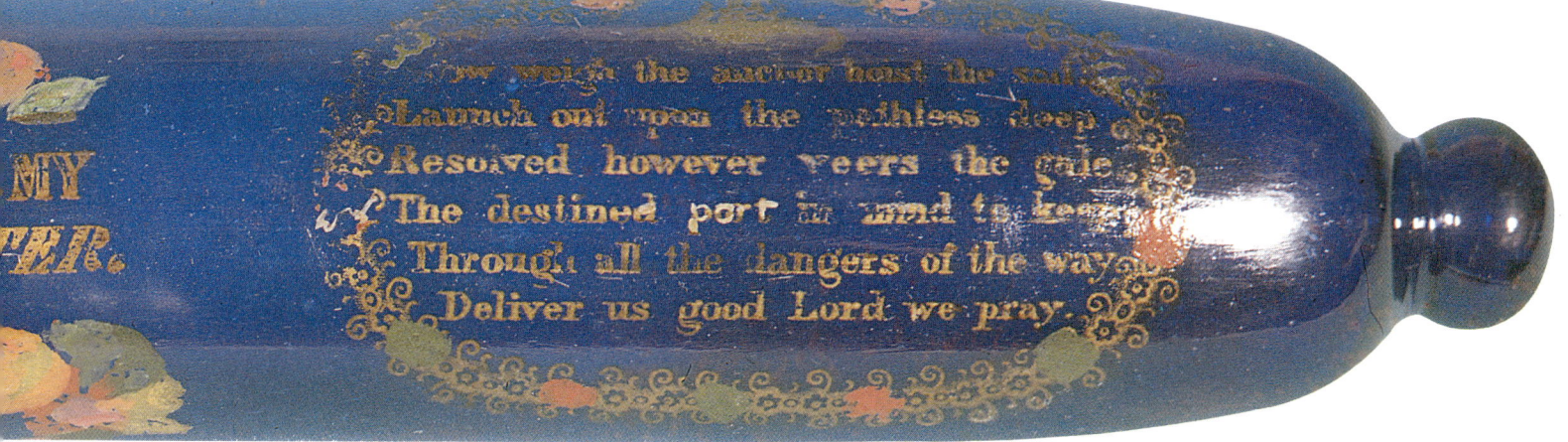

Goldmalerei auf einfarbig gefärbtem Glas. Manchmal waren die „rolling pins" bis zu zwei Fuß und mehr lang. Sie waren der Stolz der Empfänger und thronten im Salon als lebendiges Symbol gegenseitiger Gefühle.

Der exotische Schmuck, den dieses Köfferchen zeigt – Vögel und Blumen ferner Inseln–, war den gebräunten Teerjacken wohl am liebsten. Er war Anspielung auf die große Reise.

SOUVENIRS VON DER WATERKANT

Wer hätte nicht vor wenigen Jahren noch über diesen Nippes der Großmutter heimlich gelächelt! Besonders der jüngeren Generation war all der angesammelte Trödel zum Zeichen eigener Unfreiheit geworden. Heute steht er fein geputzt, beleuchtet, womöglich nur von einer Petroleumlampe, auf dem Sims eines angezündeten Kamins im Antiquariat – und kostet viel Geld.

Ein Leuchtturm aus Porzellan, der nichts anderes abzustrahlen vermag als vielleicht einen alten Genever, der rotgesichtige Trinker erleuchtet, die ihn aus seinen sechs Täßchen zu sich nehmen.

Bootshaken, Riemen und Anker mit Thermometer aus Pseudo-Silber, montiert auf einem echten Nautilus-Gehäuse. Ein Briefbeschwerer. Ist das Gehäuse graviert, handelt es sich um ein Souvenir.

S ouvenirs müssen kitschig sein? Scheinbar, doch kam der echte Kitsch erst auf, als Fabrikanten die kleinen Händler in den Häfen mit Massenware überschwemmten.

132

Soviel Seriosität mit großer Geste und expressivem Gesichtsausdruck bringt den Betrachter sicher zum Lächeln. Doch bei starkem Sturm an der Küste spielten die freiwilligen Lebensretter eine wichtige Rolle. Jeder hatte hier schon einmal einen nahen Verwandten verloren. Der Fischer mit dem Netz und die Fischerin mit den Rettungsringen sind deshalb Figuren von beispielhafter Wachsamkeit.

Ein realistisches Bild ▲ von der Reusen-Fischerei, gemalt auf einer Jakobsmuschel von einem unbekannten Maler aus Le Havre. Zum Überleben versuchte man, ein paar Pfennige von den Touristen zu bekommen.

Vor der Ausfahrt ▶ suchte der Fischer in der Regel den Schutz des Höchsten. Und kam er dann heil zurück, wurde der guten St. Anne d' Auray gedankt.

Eine Atelier-Arbeit von der Belle Ile, Wunsch für eine reiche Fischsaison. Für die Touristen: Traum von den letzten Ferien ...

Der Sohn als Moses, die Mutter als Matrose und der Vater als Fischer-Kapitän: die heilige Dreieinigkeit von Yport, wie sie manche Familien an der Küste erlebten.

133

Dreimaster aus Muschelschalen; die Untersegel haben nur ein Schothorn, was das Wendemanöver sicherlich erleichtert.

Ob sich der Konstrukteur dessen wohl bewußt war?

Ein Katalog mit großer Auflage präsentierte Modelle, die per Nachnahme in acht Tagen lieferbar waren. Hier ein beispielhaftes Fischerpärchen zur Erbauung und Belehrung der Landjugend.

D ie Souvenirs von der Waterkant stammten aus Fabriken oder dem örtlichen Kunsthandwerk. Urlauber nahmen sie mit nach Hause, um die Erinnerung an eine schöne Zeit zu bewahren.

Die Fischerfamilie ist ein immer wiederholtes Thema. Sie ist das Abbild einer Einigkeit gegen die Härte der See: Gemeinsam zieht man das Netz der Vorsehung an Bord. Ein magerer Fang, ein harter Beruf. Doch gab es keine Wahl.

Zwei Matrosen, die▶ in Dinard vor Muschelhintergrund das Strandleben genießen. Ein netter, kunstloser Briefständer mit Tintenfaß.

▲ Matrosenköpfe als Tabakstopf waren überaus beliebte Motive. Solche Köpfe aus bunt bemaltem, gebranntem Ton wurden auf der ganzen Welt verkauft. Zweifellos hatte er jeweils einen Namen wie „Alte Teerjacke" oder „Alter Jakob". Ein Kopf, nach der Natur modelliert und zugleich wahrer als die Natur – er gehörte einfach zur Familie.

Die echten Schöpfungen der Leute von der Waterkant sind inspiriert von Materialien, die ihnen unmittelbar zur Verfügung stehen: Bilder, Kästchen und Skulpturen aus oder mit Muscheln, Krabbenpanzern usw. Das ist Material erster Hand, aus dem sie manchmal überraschende Werke machen.

Ein hübsches Schreibgerät: Zwei Tintenfläschchen und eine Muschelschale für Streusand, mit dem die Tinte auf dem Papier getrocknet wurde. Gehalten wird es von zwei Jakobsmuscheln, auf denen Boote unter Dampf und Segel fahren.

Gute und seltene, traditionelle Fischerarbeit: ein Thunfischer-Boot, fast ganz aus Muscheln: Untersatz aus Jakobsmuschel, Rumpf aus zusammengefügten Muschelhorn und Molluskenschale, Segel aus Fischknorpel. Ganz deutlich ist die technische Sorgfalt, die nur Arbeit eines Matrosen sein kann.

Ein Fischerpärchen aus Royan an der Mündung der Gironde. Sind es die Art Fischfang und Boot, die hier beheimatet waren? Man erwartet von diesen Darstellungen gar nicht allzu viele Details. Auf der Unterseite dieser Terrakotta steht als Herkunftsbezeichnung „de Paris". Der Tourist ist sicher kein kundiger Archäologe, auch heute nicht, wenn er ähnliche Stücke angeboten bekommt, die in Taiwan oder Hongkong produziert wurden.

Warten, Abfahrt, Rückkehr sind ewige Themen in der Darstellung des Lebens an der See. Am Strand oder am Molenkopf sucht man, mit der einen Hand die Augen abschirmend, den Horizont nach dem Boot des Vaters ab, der sich verspätet hat. Ein ängstlicher Augenblick, der in diesem Leben immer wiederkehrte.

Wenn die „Erfindung"
des Rums den Briten auch
manchmal bestritten wurde,
so haben sie ihren Punsch doch
zweifellos ganz allein und ebenso
die Erfindung der Punsch-Schale. Der
Transport solcher zerbrechlichen Behälter
und die Zuckerrohrkultur in Westindien sind
unversiegbare Brunnen der Inspiration für
den Dekor.

Diese geschmückte Nautilusschale aus der
großen Zeit der deutschen Goldschmiedekunst
(um 1600) ist die außergewöhnliche Arbeit des
Goldschmiedemeisters Jörg Ruel aus Nürnberg. Die
Qualität der Ziselierung und die Tatsache, daß der
Deckel noch vorhanden
ist, machen dieses Stück
zu einer großen Selten-
heit.

Fünfeckiger Souvenir-
becher mit Facetten-
schliff und Hafendekor:
Einfahrt nach Le Havre
um 1850. Diese hübschen
traditionellen Stücke standen
in Massen in den Vitrinen der
Strandbazars wie dieses aus Cabourg.

Solche Gedenkgläser mit „terrestrischen" wie maritimen Motiven haben eine sehr alte Tradition. Die
eingeätzten oder eingravierten Motive und Legenden
zeigen die verschiedensten Ereignisse, oft mit
Datum: Stapellauf eines Schiffes, Examen an der
Seefahrtschule, Beförderung ... kurz, alles was zu
Toast und Trunk Anlaß geben kann.

Auch die noblen Künste der Gold-
schmiede, des Vermeil, Kristall,
Porzellans haben sich von der See
und ihren Motiven inspirieren lassen.

MARITIME DEKORS

Das Meer, die See, der Ozean ist der älteste Teil unserer Welt, aus dem irgendwann das feste Land hervortauchte. Es bietet uns ein reiches Repertoire an Formen, die wiederum unerschöpfliche Quelle der Inspiration sind. Warum sollte es uns erstaunen, daß sich Künstler aller Art dieses Formenreichtums annahmen? Sie verwandelten diese Formen zu Symbolen der Harmonie und Kraft, der Grazie und der Macht, und wenn sie wirkliche Künstler waren, ließen sie der Phantasie freies Spiel.

Ein Schiffs-Paar in Vermeil von Georg Müller um 1630. Diese dekorativen Objekte waren im Nürnberg dieser Epoche hochgeschätzter Tischschmuck.

Eine andere dekorative Phantasie: ein Schiff auf Rädern des Goldschmieds Caspar Bentmüller, um 1620.

Nautiluspokal der Andromeda. Die Schale ist fein graviert und mit Vermeil und Korallen verziert. Ein Stück, das dem berühmten Hamburger Graveur Dietrich Ter Moy zugeschrieben wird, um 1630.

Grog- oder Punsch-Schale. Das feine Porzellan zeigt einen Dampfer mit Besegelung, im Vortopp den „Blue Peter", die Abschiedsflagge. Englisch, um 1850.

BORUSSIA

137

▲ Traditionelle
holländische Kunst:
Das Tableau des Meisters
Cornelius Boumeester
(1670 – 1733), zusam-
mengesetzt aus fünfzig
Fliesen, stellt den Angriff
des Admirals De Ruyter
auf Chatham dar.

◄ Fayence-Teller mit
geschweiftem Rand aus
Nevers, überraschender-
weise ein Seeschiff dar-
stellend. Doch haben
die Flußschiffer von der
Loire häufig auf Kriegs-
schiffen gedient.

◄ Chinaporzellan aus
dem 18. Jh. der „Compa-
gnie des Indes" mit
einem Schiffsmotiv nach
einem Stich aus Europa.

▲ Auch
wenn die
mythologischen Motive nicht
direkt maritime Themen
beinhalten,
haben diese
Chinapor-
zellane
doch immerhin
den weiten
Weg nach Europa per
Schiff hinter sich gebracht.

Diese silberne Suppenterrine,
Trophäe irgendeiner Regatta, ist
wenigstens nicht ganz so häßlich wie
die berühmtere des America's Cup.

GOUPE AYMAR ACHILLE FOULD
Y C L B

Tritone und Anker sind
wohl die verbreitetsten
maritimen Motive. Aber
ist der Anker nicht
paradoxerweise gerade
das Symbol der Unbe-
weglichkeit auf Reede?

Fayencen von Lunéville: Teller, die auf lustige und manchmal auch geistvolle Weise Geschichten von Seeleuten und Landratten erzählen. Um 1880 riß man sie den Händlern aus der Hand, und heute sind sie vielleicht noch gefragter.

Maritime Symbole in tausendfacher Abwandlung schmücken vor allem Haushaltsgegenstände jeder Art.

Eine Tauschlinge, gehalten von einem Matrosen, dient als Stock- und Schirmständer, dazu weitere maritime Motive; um 1890.

Wer kennt sie nicht, die kleinen Hafenkneipen, in denen man gemütlich sitzt, eingehüllt in Tabaksqualm, und auf den Kai hinausschaut? Ein graviertes Glas von einer Kneipentür in Antwerpen, um 1920.

Dieses Fenster aus bleigerahmtem farbigem Glas, wie man es sonst nur in Kirchen findet, feiert die Frachtschiffahrt und ihr Personal; im Mittelpunkt ein kleiner Hafenschlepper, oben und unten die Symbole der Seefahrt.

Dieses Fliesentableau einer Hecktjalk unter vollen Segeln hat sogar einen Rahmen aus Fayencen. Harlingen, Friesland, um 1775.

VOTIVBILDER

Votivbilder stellen wir uns als eine Eigenheit des Mittelmeerraums vor; doch in Wahrheit gibt es sie überall. Die ältesten entstanden allerdings im 16. Jh. im Gebiet um Neapel: kleine, mit Wasserfarbe auf Papier gemalte Schiffe. Später traf man sie überall, wo gläubige Christen lebten. Sie dankten der Heiligen Jungfrau oder dem Schutzheiligen für Errettung aus Seenot, und zum Zeichen, daß die Bitte angenommen wurde, erscheint die Jungfrau oder der Heilige, umgeben von Strahlen, auf einer Wolke. Das Votivbild selbst zeigt das Ereignis, das soviel Angst auslöste.

Ein Schiffbruch von 1826. Die Besatzung ruft den Schutzheiligen an, offenbar nicht vergebens. Ist ein anderes Schiff zu Hilfe gekommen? Das „Exvoto" zeigt die Situation.

EX-VOTO DU 11
Par l'Équipage du Vigila

▲ Mitte des 19. Jahrhunderts hat eine Windbö die SAINT-JEAN-BAPTISTE, eine Tartane aus Antibes, auf einer Küstenfahrt entmastet. Mit Unterstützung der Heiligen Jungfrau greifen die Matrosen zu und entkommen der Seenot. Ein dramatisch–schönes Votivbild.

Manchmal ist das Votivbild auch ein naives Schiffsmodell zum Aufhängen in der Kirche (oben) oder ein Halbmodell in seinem Kasten (rechts). Nur durch die Beschriftung ist es als Exvoto erkennbar.

EX VOTO.
FAIT PAR CAP.⁈ HONORÉ MAGNIQUE

▲ Am 22. Oktober 1856, um 8 Uhr morgens, läuft die Brigg VIERGE DE BON PORT nach einer schrecklichen Nacht auf und bricht auseinander. Die Besatzung wird gerettet, wie der Kapitän Honoré Magnique mit seinem Bild bezeugt. Schon treiben die Fässer der Ladung zu den Geretteten an Land. Die Madonna, die sie um Hilfe angefleht haben, hat das Schlimmste verhütet.

VIER 1825,
Capitaine Salvy !

◄ Die VIGILANT, dank unaufmerksamer Wache in Seenot geraten: Kaum aus dem Hafen, lief sie unter vollen Segeln auf einen unbekannten Felsen. Als Datum wird der 11. Januar 1825 angegeben. Welches Hafenarchiv könnte weiterhelfen und uns das Geheimnis der erflehten Rettung erzählen?

Situation de Léonie Clémentine, d'honfleur, du 10 Février 1852.
Offert à notre dame de Grace, par le capn Duchemin.

Ein Matrose der LOUIS GABRIEL zeichnete, kolorierte und rahmte eine Darstellung seiner Seenot, ein unkonventionelles, aber sehr schönes graphisches Stück. ▼

▲ Eine kleine Kapelle oberhalb von Honfleur besitzt unter anderen das Votivbild des Kapitäns Duchemin, der mit seiner LÉONIE CLÉMENTINE in Not geraten war.

▲ Der jährlichen Prozession tragen junge Fischer ein Boot voran, das sozusagen kollektiv die zukünftigen Gefahren der See beschwört.

O ft tragen die Votivbilder in den Kapellen in irgendeiner Ecke die vier Buchstaben V. F. G. A. – Votum Fecit, Graciam Accepit, was übersetzt heißt: Gelübde getan, Gnade erfahren.

Hier wird allein das Drama erzählt, weder Gott noch Teufel dargestellt, nur das Schicksal eines Schiffbruchs am Beispiel des halb zerstörten Beiboots, das schon einen Toten trägt, während ein zweiter offenbar noch um sein Leben ringt. ▼

Während des Krimkriegs ► wurden französische Kriegsschiffe Opfer schwerer Stürme: Der Raddampfer SULTAN hat Maschinenschaden; die Notbesegelung ist über Bord gegangen; ein Dreidecker kommt zu Hilfe. Auch in der Zeit der Motorschiffe blieb also die Tradition der Votivbilder erhalten, wie es zahlreiche „moderne" Exvotos bezeugen, die vielleicht weniger dekorativ, aber doch ebenso voller Glauben sind.

HINTERGLAS-MALEREI

Gemalt wird auf das Glas, dabei wird das Bild selbst spiegelbildlich entworfen; denn das Bild ist ja von der anderen Seite aus zu betrachten. Das heißt, der Bug, der in der Zeichnung nach links zeigt, ist im fertigen Bilde rechts. Aber auch die verschiedenen Schichten werden umgekehrt zur normalen Malerei aufgetragen – die Details kommen also zuerst, der Hintergund als letztes. Das verlangt methodisches, gut überlegtes Arbeiten. Flämische Künstler des 17. Jahrhunderts waren Meister darin, und sie schufen Schulen in Deutschland und in den baltischen Republiken.

Die hölzerne Dreimastbark AIGLE, gebaut 1839 in Ostende, war ein kleines Schiff von 250 t mit einem für die Zeit charakteristischen Bug. Der unbekannte Maler zeichnet mit P. N., muß aber die Takelage solcher Rahsegler genau gekannt haben.

Die schwedische Dreimastbark GUSTAVA, 1852 in Kanada gebaut, 570 t. Das Schiff mit seinen aufgemalten Geschützpforten wird uns hoch am Wind auf Steuerbordbug auf einen Hafen zu segelnd vorgestellt. Das Hinterglasbild wird Carolus Weyts, 1861, zugeschrieben. ▶

Diese Meisterwerke graphischer Kunst bestechen durch klare Linien und Konturen. Nirgendwo ist das stehende und laufende Gut exakter gezeichnet als hier.

Die Handelsslup JORGE MARIA, 40 t, ein klassischer Typ, der an allen nordeuropäischen Küsten bekannt war, hier jedoch fast wie eine Yacht besegelt, wohl um dem Auftraggeber, dem Kapitän, zu schmeicheln.

Die Brigantine oder Schonerbrigg HERMANN, gebaut 1847 und in Hannover registriert, fährt an der Gaffel den Union Jack mit weißem Pferd, die Flagge der Union von England und Hannover, die zwischen 1801 und 1868 üblich war.

Oben die Dreimastbark BÜRGERMEISTER JENSEN von 1840 aus Kiel, ein wahres Gebirge von Segeln über mäßigen 260 t. Am Heck die Flagge Hamburgs. In der Mitte die Dreimastbark PÉTRONILLE von 1848 aus Gent. Der Rumpf einer Kuff, 240 t. Unten das Vollschiff FLORIDA, 500 t. Man vermutet, daß sie ein Paketboot im Liniendienst zwischen Antwerpen und New York war.
Malerei von P. Weyts von 1843.

WOLLE, SEIDE UND CHIFFON

Auf Rahmen gespannt, zwei Schiffe unter Vollzeug bei achterlichem Wind. Datieren läßt sich das nicht; denn anders als bei den Votivbildern waren Legenden unüblich.

Zwischen zwei Böen auf Freiwache zieht „Jack Tar", die alte Teerjacke, die Stickerei aus Seide oder Wolle hervor, die er einmal aus einem Spleen heraus bei schönem Wetter begonnen hatte. Die Themen sind immer die gleichen: Schiffe, Häfen, Schlachten, Stürme, Abschied und Rückkehr – alles, was das normale Leben des Seemanns ausmacht. Niemand an Bord lacht, wenn seine großen, schwieligen Hände mit den teerschwarzen Fingernägeln die Nadel mit der Sorgfalt eines Dentisten durch den Stoff sticht. Ganz im Gegenteil, wer weder Modelle noch Flaschenschiffe baute, versuchte es ihm mit kleiner Eifersucht und großer Bewunderung für sein poetisches Talent gleichzutun.

Ablaufen vor dem Sturm mit gebrochener Großstenge. Bemerkenswert ist die Behandlung der Wellen, wahrscheinlich nach einem Gemälde kopiert.

Das waren zerbrechliche Geschenke für liebe Menschen bei der Rückkehr. Ihr Schicksal der Ehrenplatz im Wohnzimmer oder das Vergessen in der Rumpelkammer.

„Pacific Squadron", eine Flotte im Pazifik, 1887. Auf blauem, am Horizont verlaufendem Meer wacht die „Royal Navy".

Souvenir vom Krimkrieg. Vier alliierte Flaggen kämpfen gemeinsam gegen die Russen: Frankreich, England, die Türkei und Piemont. Der englische Matrose stickte darunter sein Versprechen: „I will remember thee".

Das Vollschiff JAPAN, am Heck der „Red Duster" der britischen Handelsmarine.

▲ Eine ganze Hafen-
landschaft wird hier vor-
gestellt: „Rochefort im
Jahr 1835". Die erstaun-
lichen Blautöne machen
das Wasser, das die
Schiffe trägt und spiegelt,
fast durchsichtig. Alles
aus genähtem Chiffon.
Luc Marie Bayle, ein zeit-
genössischer Künstler,
der an die Tradition an-
knüpft, machte es 1985.

Abschiedsszene:
Ein Matrose des britischen
Handelsschiffs EMERALD in
Erinnerung an seine Geliebte.

Von oben nach unten: Feldzug in Indochina und
Madagaskar. Französisch-russischer Frieden.
Kampf an den Dardanellen im Ersten Weltkrieg.

MARITIME PLAKATE

Irgendwo zwischen figurativer Malerei und bloßer Werbung
verheißen diese maritimen Plakate den Traum von der
schönen Seereise. Ihr Informationswert ist mehr oder weniger
abhängig vom Bekanntheitsgrad der Schiffahrtsgesellschaft.
In der Zeit der Klipper enthielt das Plakat neben der Darstellung des Schiffes auch noch den Preis, das Abfahrtsdatum
und sogar den Namen des Kapitäns. Eine Reihe von großen
Malern versuchte sich in dieser Plakatkunst, doch mit unter-
schiedlichem Erfolg.

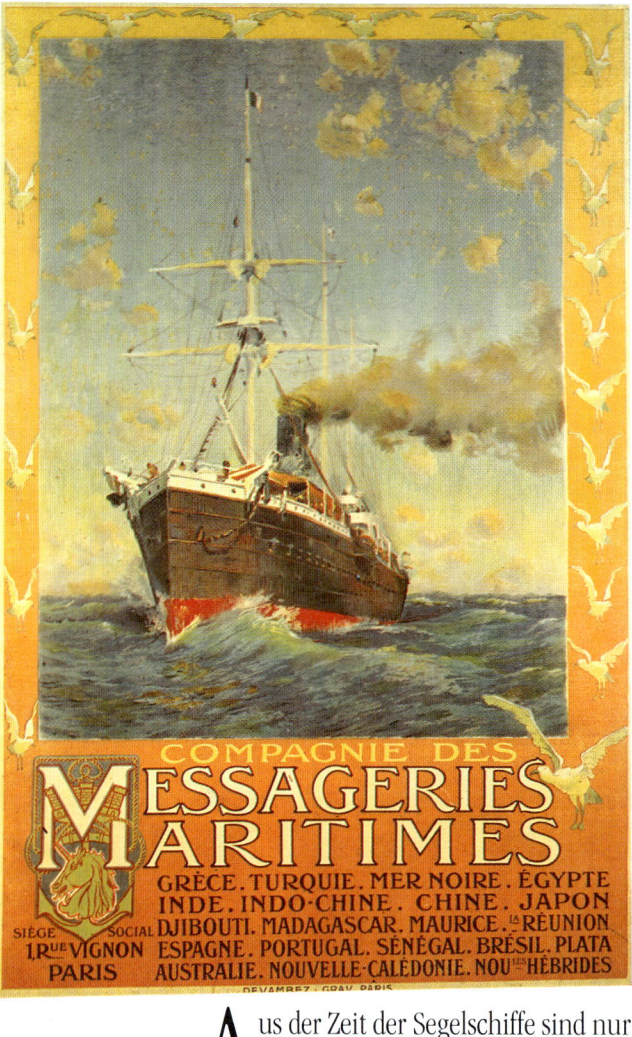

Der große Anker im
Ankerkran ist das
Markenzeichen der
„Messageries
Maritimes",
einer der großen franzö-
sischen Passagierschiff-
Gesellschaften. Das
Plakat zählt die Häfen
der großen Orientfahrt
auf.

◀ Bei der Ausfahrt aus
dem Hafen durchpflügt
der „Liner" mit seinem
geraden Bug das Meer.
Eine Lady mit Hut nach
englischer Mode beob-
achtet das Passagier-
schiff von einem kleinen
Boot aus nicht unge-
fährlicher Nähe.

▲ Die Gaffer auf einem
Steg in Southampton
drehen uns ihr Hinter-
teil zu. Was sollten sie
wohl bewundern, wenn
nicht das Erscheinen
eines Passagierschiffs der
„American Line" in der
Hafeneinfahrt?

Aus der Zeit der Segelschiffe sind nur wenige Plakate
überliefert. Dabei handelt es sich dann etwa um den
Holzschnitt eines unbekannten Dreimasters auf farbigem
Papier, bei dem auch die Typographie dekorativ ist. Vor
allem im jungen Amerika versuchten sich bekanntere
Künstler daran. Erst mit dem Aufkommen der Lithographie
konnte man Plakate in Farben und größeren Auflagen
herstellen.

◀ Ein Plakat der
Hamburg-Helgoland-
Linie. Das Bild des Rad-
dampfers COBRA vor dem
roten Felsen von Helgo-
land soll dazu verlocken,
die Informationen, auch
über Anschlußzüge in
Hamburg zu lesen.
Diese Fährverbindung
hielt ihre Zeitpläne auch
in den oft so unange-
nehmen Gewässern der
Nordsee immer ein.

Ein sehr lakonisches
Plakat vom „beschleu-
nigten Postdienst"
Antwerpen-Kongo aus
der Zeit, als „Belgisch-
Kongo" eine Kolonie war,
die nur auf dem Seeweg
erreicht werden konnte.

Die größte britische
Passagierschiff-Linie
Cunard macht sich nicht
einmal die Mühe, ihre
Schiffe und Routen zu
nennen. Ein britischer
Bürger fuhr eben einfach
auf einem „Cunarder"
nach New York.

Noch hat die TJIKEM-
BANG nicht angelegt
(die Festmacher sind
nicht zu sehen), als ein
reicher Mandarin schon
Vorschau auf seine
Reiseroute hält.

Ein Dampfer der Allan
Line auf der schwierigen
Nordatlantik-Route nach
Kanada. Nur auf der
Nordatlantikroute von
Europa nach New York
waren die Passagiere
stärker umworben.

Die Passagierschiff-
Linien waren stolz auf
ihr Image und vermark-
teten es auch auf Post-
karten. Hier sehen flämi-
sche Fischer in typischer
Tracht vor Antwerpener
Kulisse der Ausfahrt eines
Linienschiffs zu (1913).

DAS GOLDENE ZEITALTER DER PASSAGIERSCHIFFE

In dieser Zeit verbanden nur die Paketboote oder Passagierdampfer die Kontinente. Die Überfahrten rochen ein wenig nach Abenteuer – ein Duft, der heute für immer verschwunden ist: die Rauchsäulen aus majestätischen Schornsteinen, der durchdringende Klang der Sirenen, erstklassige Diners in glanzvoller Einrichtung ...

Der Hafenschlepper, der seinen Rauch mit dem des Riesen (40 000 t) mischt, zeigt den Maßstab. Das Motiv ist wie so oft der Bug.

Cunard und ihre ▶ Tochtergesellschaft White Star auf einem Plakat. Vor allem Cunard gelang es lange, das „Blaue Band" für die schnellste Nordatlantik-Überquerung zu halten.

M it den immer gigantischer werdenden Dampfern auf den großen Routen, ihrem Ringen um die schnellste Überfahrt entwickelte sich sehr schnell ein eigener Plakatstil, der dem Ansehen der großen Paketboote entsprach. Und dieser Stil revolutionierte die ganze Plakatkunst.

Mitternachtssonne, genossen vor Spitzbergen an Bord des „Salondampfers" STUTTGART des Norddeutschen Lloyd. Ein luxuriöser Traum für volle drei Wochen. ▼

Holland als erfahrener Konkurrent tritt mit dem gleichen Schornstein-Motiv gegen Cunard an und verspricht „real comfort", als ob es das nicht auch auf den anderen Linien gäbe.

Hier hat das Malerische Vorrang, eine Szene aus dem Leben der Papuas, die noch „echte" Wilde sind. Das Schiff ist nur nebensächlich, doch sicher ist es „a good British ship".

▲ Die „Royal Mail"-Linie beschränkt sich in dieser Werbung auf die flatternde königliche Flagge am Bug eines Beiboots.

Ein Liniendienst zwischen dem Mittelmeer und Nordamerika. Die Italian Line brachte vor allem Emigranten in die Vereinigten Staaten.

▲ Drei große, schnelle Linienschiffe für eine eilige Kundschaft. Der Norddeutsche Lloyd warb mit Schnelligkeit, Qualität war selbstverständlich.

Nostalgie der hohen ▶ Schornsteine. Die Reise war sorgenlos für die Passagiere „zwischen Himmel und Wasser", wie es der Sohn seinen Eltern an Bord der BRETAGNE schreibt.

AUF FAHRGASTSCHIFFEN ÜBER DIE SIEBEN MEERE

Weit ab von den Schlachten, die sich die Giganten der Passagierschiffahrt vor allem auf dem Nordatlantik lieferten, ging es auf den Linien, die das Heimatland mit den Häfen der Kolonialreiche verbanden, auch um nationales Prestige. Besonders Frankreich unterhielt zahlreiche Linien zu den weit auseinander liegenden überseeischen Gebieten. Es beschäftigte eine große Flotte von Fahrgastschiffen und Paketbooten.

◄ Regelmäßigen Seeverkehr zwischen Frankreich und Nordafrika gab es seit der Eroberung Algeriens. In der Zeit zwischen beiden Weltkriegen lebten zehn Gesellschaften vom Transport von Passagieren und Waren in beide Richtungen.

Die Werbung der Kolonialflotten ist völlig anders als die der großen Linien. Im Vordergrund finden wir Palmen und Sampans, das Schiff, so schön es auch sein mag, folgt erst im Hintergrund.

◄ Das kleine Belgien war immer schon ein aktives Handelsland und schickte seine Schiffe in die ganze Welt.

▲ Fahrgastschiffe der N. O. C. H. A. P., wie diese Gesellschaft abgekürzt hieß, beförderten neben Fracht auch Passagiere an der nord- und ostafrikanischen Küste und im Indischen Ozean. Registriert waren sie in Madagaskar.

◄ Wieder ein Fahrgastschiff (Fracht und Passagiere), diesmal an der afrikanischen Westküste. Neben der „Société Navale de l'Ouest" waren hier noch andere Gesellschaften tätig; Verträge steckten die Einsatzgebiete ab.

"LIBERTÉ"
LE HAVRE · SOUTHAMPTON · NEW YORK

Zwei der Letzten im großen atlantischen Abenteuer. Doch auch bei Überfahrten von weniger als drei Tagen zwischen Genua und New York ließ sich kein Geschäftsmann vom Flugzeug zurück auf das luxuriöse Passagierschiff locken.

▲ Als die NORMANDIE, der Träger des Blauen Bandes, in New York ausgebrannt war, setzte die „Transat" am Vorabend des Zweiten Weltkriegs den Linienverkehr mit den USA mit der LIBER-TÉ fort, einem früheren deutschen Passagierschiff (ex EUROPA).

Als schon absehbar war, daß der Kampf gegen die Fluglinien nicht zu gewinnen war, nahmen auf französicher Seite die FRANCE und auf amerikanischer Seite die UNITED STATES doch noch einmal die Herausforderung an. ▶

Ein „Italiener" auf Südamerika-Fahrt.

Die „Transat" oder CGT mit der weißen Flagge mit roter Kugel hatte ihren Heimathafen in Le Havre. Doch auch im Mittelmeer unterhielt sie eine ganze Flotte.

EUROPE

NEW S.S. UNITED STATES ★ S.S. AMERICA
UNITED STATES LINES

REKLAME

Ein in Kristall geschnittenes Unterseeboot dient hier als Briefbeschwerer in einem Ministerbüro, ja erinnerte vielleicht einen Minister selbst an die Qualitätsarbeit der Werft Augustin Normand.

Wenn auch die moderne Werbung auf die gute alte Reklame ein wenig snobistisch herabsehen mag, nahm diese doch die See und die Seefahrt etwas gemütlicher, ja auch malerischer und humorvoller zum Hintergrund für ihre Botschaft. Und so gab sie ganz ungekünstelt den geneigten Käufern von Keksen, Camemberts oder Kaugummis Träume von fernen Abenteuern zurück. Wie auch heute nicht anders, gab es zwei Arten der Reklame: eine, die maritime Dinge selbst betraf, und eine andere, die das maritime Flair zum Verkaufsanreiz nutzte.

Ein klassisches Thema für ein traditionelles Getränk der Marine. Mußte man sich bei solcher Reklame nicht an die vielen Trinklieder erinnern, die die Tugenden reinen Rums rühmen?

Valda, bekannter Hersteller von Hustenbonbons, hat außer der Seefahrt auch Luftfahrt, Eisenbahn und Lastwagen zum Reklamethema gemacht. Hier schaukelt dank eines verborgenen Mechanismus der Raddampfer Valda auf einer blechernen See, während der Kapitän auf der Brücke durch sein Fernglas Ausschau hält. Um 1900.

Aschenbecher mit den Insignien der Schifffahrtslinien fanden sich überall auf den Tischen der Passagierdampfer – und schließlich im Büro oder Haus der Fahrgäste, was auch eine Art Reklame war.

Als Nantes noch echter Seehafen war, haben wohl auch solche gemischten Fracht- und Passagierschiffe am Kai gelegen, um ein paar tausend Tonnen Nanter Kekse für Mohikaner oder Chinesen zu laden.

Die Haltung kennt man vielleicht zu gut, doch die Assoziationen waren immer beliebt: Karibik, Freibeuter, Rum und schöne Kreolinnen. Schließlich war das Getränk, für das hier geworben wird, nicht in erster Linie für Matrosen gemacht, sondern eher für Landratten, die von Abenteuern träumen wollten.

Vom Plakat bis zur Keksdose: überall begegnen uns Schiffe, Matrosen, die See.

Die „langues fondantes", die Fondantzungen aus Trouville, waren eine geschätzte Delikatesse. Selten zeigt die Reklame solch realistische Szenen, in die man sich hineinversetzen kann: auf einem Segelboot, das in der Hafenausfahrt in die Bugwelle des Raddampfers LA FAYETTE gerät. Keksdosen mit solchen Motiven waren die Freude von Kindern und Erwachsenen.

Der „Navy Cut" war die spezielle Tabakmischung der Royal Navy. Heute sieht man Matrosen samt Segel- und Dampfschiff nur noch auf den Schachteln der gleichnamigen Player's- Zigarette. Hier gehören Motiv und Name zusammen: „Bulwark", die Reling, und der Matrose, der nach fernen Inseln, von denen die Tabake kommen, Ausschau hält.

Ein Motiv, das man überall an den Küsten kennt: Sammelbüchse für die jeweilige Gesellschaft zur Rettung Schiffbrüchiger, in Form eines Rettungsboots; hier wird auch für die Strandretter gesammelt. Die Bootsformen haben sich über die Jahrzehnte gewandelt, aber gerade deshalb lohnt es sich, nicht nur in ihnen, sondern auch sie selbst zu sammeln.

Kennen Sie den Marinemaler Leon Haffner? Wenn ja, sind Sie vielleicht erstaunt oder schockiert, daß seine Motive sogar auf einer Lackdose (rechts) auftauchen. Immerhin ist hier ein Bezug vorhanden: Es handelt sich um Bootslack. Bei der Camembert-Schachtel (oben) ist der Bezug schon schwerer herzustellen.

VIGNETTEN UND STEMPEL

Diese silberne Erinnerungs-medaille in be-schränkter Auf-lage ehrt Admiral Nelson aus Anlaß einer neuen Aus-zeichnung.

Stempelartige Abdrucke sind uralt. Sie beginnen schon bei den Handschablonen an den Wänden prähistorischer Höhlen, erhabener bei den Tüchern, auf denen man Körper- oder Kreuzspuren Jesu Christi erkennt. Später entwickelte sich die Hierarchie der Beamtenstempel, die über Haben und Nichthaben entscheiden können. Nautische Vignetten, Marken, Cachets und Stempel sind nur eine Nebenform dieser „terrestrischen" Entwicklung. Häufig sind sie von ausgesuchter graphischer Qualität, aber auch kostbare Dokumente der Schifffahrtsgeschichte.

Ein reiches und vielfältiges Thema ist der graphi-sche Buchschmuck mit maritimen Themen. Diese Vignette aus vergoldetem Eisen war Schmuck eines Buchdeckels.

So wie große Maler durch Schildermalen ihren Lebensunterhalt sicherten, verschmähten auch aus-gezeichnete Kupferstecher nicht Stempel, Vignetten oder Zierbuchstaben mit maritimen Motiven, die kommerziellen Dokumenten ein wenig Frische und Freundlichkeit gaben.

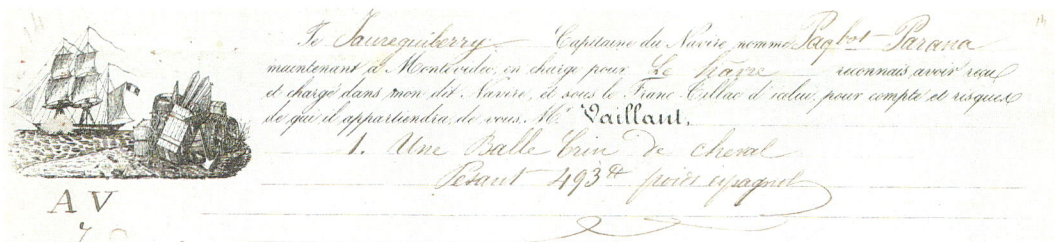

Solche hübsch verzierten Frachtverträge - beide aus Montevideo - gibt es heute leider nicht mehr. Doch es ist gar nicht unwahrscheinlich, daß man ähnliche Stücke noch in den Archiven von Schiffsmaklern findet.

Urkunden und Papiere bretonischer Werften aus der Zeit der Island-fahrer; ein letzter Brief, geschrieben an Bord der Titanic auf Papier der White Star Line; Glück-wunsch der franzö-sischen Gesellschaft zur Rettung Schiffbrüchiger an einen wachsamen Lebensretter: bewegende Dokumente, die ein glücklicher Sammler noch finden könnte.

Der Briefkopf macht die Bedeutung des Briefes aus, Stempel und Unterschrift verdoppeln sie häufig.

Wunderschönes Siegel des Korsaren LE RESOLU aus Bordeaux. Ausgestattet mit einem Freibrief, der selbst mit Band und Siegel geschmückt war, durfte er sein Cachet in roten Siegellack auf halboffizielle Papiere drücken. Das Halbrelief mit einer symbolischen Darstellung ist in komplizierter Negativtechnik hergestellt, die zum Feinsten der Siegelkunst gehört. Erst das Streiflicht macht Bild und Schrift erkennbar.

Jeder Beruf, besonders im militärischen Bereich, hatte seine Erkennungsmarke. Manchmal durften ihre Träger sogar persönliche Gravuren anbringen und erhielten dann die Kosten dafür ersetzt.

Selbstklebende Briefmarken gibt es schon anderthalb Jahrhunderte, „Sticker" und „Buttons" sind die graphische Form heutiger Zeit, Ausdruck für den Wunsch nach Kommunikation. In einem halben Jahrhundert werden sie ebensolchen Seltenheitswert haben wie die Vignetten von früher.

Briefkopf eines Fischerei-Reeders aus Binic in der Bretagne. Wer hätte sich 1911 vorstellen können, daß die Zeit der Schoner und der Fischer mit Südwester, wie sie die Vignetten zeigen, schon bald vorüber sein würde?

Die großen Schiffahrtsgesellschaften setzten ihr Prestige in Medaillen aus Gold, Vermeil, Silber und Bronze - abgestuft nach Verdienst des Empfängers.

NAUTISCHE PHILATELIE

Viele Jahre, bevor es Luftpost gab, zeigten Briefmarken schon maritime Motive. Sie feierten die Paketboote im Liniendienst zu fernen Ländern oder erhoben den Anspruch auf Seeherrschaft - wie zum Beispiel die deutschen Kolonialmarken mit der Kaiser-yacht der HOHENZOLLERN. Schiffspost und Schiffspost-stempel von der Jahrhundertwende sind beliebte und oft teure Sammlerobjekte. Aber auch wer heute anfängt zu sam-meln, findet preisgünstig Schiffsmotive und passende Cachets bei fast allen Postanstalten der Welt. Einige der erschwinglicheren, modernen Ausgaben sind hier versammelt.

Oben: Verschiedene Leuchttürme im Vierer-block aus Portugal (1987). Rechts: Schiffs-motiv zu den Antarktis-Expeditionen aus Belgien als Blockausgabe.

Oben: Eine Blockausgabe feiert James Cooks Entdeckungsreisen und zeigt die HMS RESOLUTION im antarktischen Eismeer. Ganz oben: Ein Hecktrawler auf einer Marke von Saint-Pierre-et-Miquelon im nördlichen Eismeer.

Jersey zur Zeit der großen Regatta-Schoner: Die WESTWARD vor achterli-chem Wind. Links: Ein Umschlag mit philateli-stischen Stempelungen von einer Antarktis-Expedition 1988. Unten: Block zur Geschichte der Gilbert Islands.

Seltsame Mischung: Die Cook-Inseln feiern Magellan.

Die Elfenbeinküste, von der viele Sklaven nach Amerika verschleppt wurden, feiert die Unab-hängigkeit der Vereinig-ten Staaten, und Franzö-sisch-Polynesien grüßt den englischen Seefahrer Cook.

N icht nur die Briefmarken selbst mit ihren vielfältigen maritimen Themen sind für Sammler interessant, sondern ebenso Cachets und datierte Stempelungen in ihren so unterschiedlichen Formen.

Ganz unterschiedliche Bootstypen findet man auf den Marken: von der vietnamesischen Dschunke bis zum russischen Eisbrecher MIKHAIL SOMOV.

Inseln in aller Welt. Die Färöer (oben): vom Segel zum Motor auf einem Block. Tristan da Cunha (ganz links): Landfall. Samoa (links): Schiffsfriedhof mit deutschen, englischen und amerikanischen Schiffen vor Apia nach dem Hurrikan von 1889.

Beispiele für die Vielfalt der Themen: Panzerkreuzer aus dem Zweiten Weltkrieg, französisches Passagierschiff, Ruderboot von den Kanalinseln, chilenisches Schulschiff und ein Kapitän Prat, von dem man weiter nichts erfährt, in einem Fenster im Schiffahrtsmuseum von Valparaiso.

Vom Photo zur Briefmarke: deutsches U-Boot. Ganz oben: deutscher U-Boot-Krieg im Pazifik auf Marken der Marshall-Inseln, die einmal deutsche Kolonie waren und heute amerikanisches Treuhandgebiet sind.

Liberia: eine Galionsfigur als Symbol des Freiheitswunsches einer afrikanischen Republik

Macao auf portugiesisch und chinesisch, und für beide Völker eine Windrose von einem Portolan als Symbol der Seefahrt.

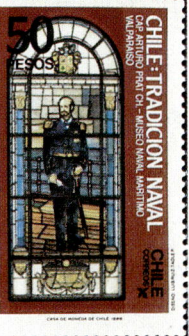

MARITIME BIBLIOPHILIE

Bücher zu Themen der Seefahrt gibt es fast so viele wie Sand am Meer und - gebunden oder als Taschenbücher - zu den unterschiedlichsten Themen. Sie gehen die Welt der See von allen nur möglichen Seiten an, einmal mit empirischer Beobachtung (Reisebücher, Schiffstagebücher, Handbücher, Lehrbücher zur Navigation, zur Taktik, zum Schiffbau, zur Geschichte, Wörterbücher, Gesetzessammlungen und andere offizielle Berichte) und zum anderen mit den Mitteln von Traum und Phantasie (Romane, Gedichte). Die maritime Bibliophilie erstreckt sich auch auf Manuskripte, die vielleicht von Verlegern nicht angenommen wurden und von denen einige sehr schöne Stücke auf diesen Seiten dargestellt sind.

Solche schön gedruckte, alte Navigationshandbücher – hier eines von Pedro de Medina (1563) - sind heute außerordentlich selten geworden.

Solche Bücher findet man mit einigem Glück noch in Antiquariaten. Schüler erhielten früher in Frankreich diese Bücher mit ihren hübschen, wenn auch reichlich pathetischen Illustrationen zum Abschluß des Schuljahrs. Eigentlich schade, daß es so etwas nicht mehr gibt! ▼

Ist dieses schöne Handbuch der Flaggen und Signale Manuskript geblieben, weil die Kosten für Druck und Handkolorierung so hoch waren oder weil die Geheimnisse des Codes bewahrt werden sollten? Der Autor James Greig Shields war um 1800 Flaggoffizier auf der HMS IMPETUEUX.

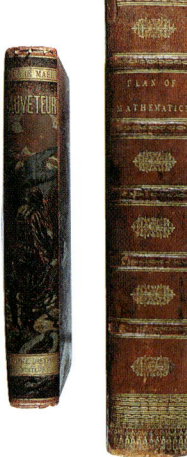

Rücken aus Leder oder Leinen mit Goldverzierung, Goldschnitt, farbiges Vorsatzpapier, Herkunftsstempel und Signaturen - alles kann Anreiz für den passionierten Sammler sein.

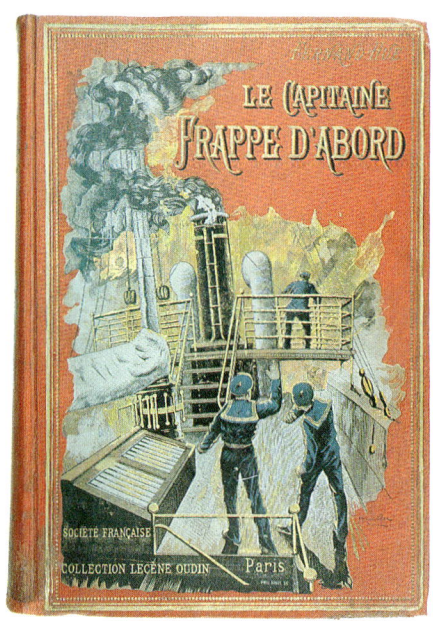

Manuskript zum Navigationskurs der Royal Academy von Portsmouth, ausgeführt von dem Studenten William A. St. John, 1807.

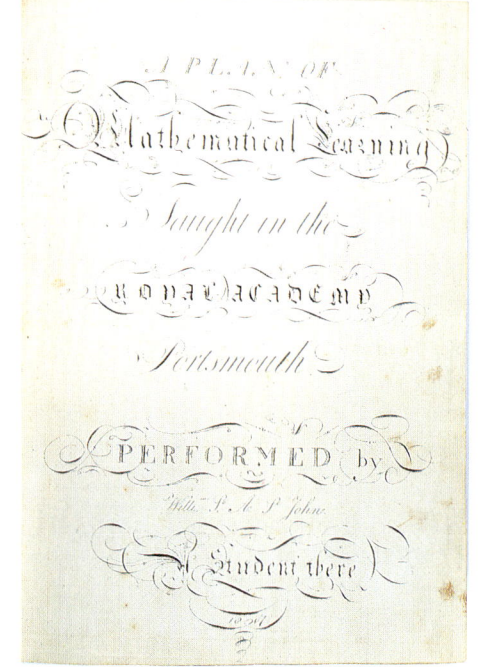

Wiederum eine kostbare Flaggensammlung: 29 Platten in Kupferstich, handkoloriert und gebunden, für die Verwendung an Bord unter dem Titel: „Pavillons des principales puissances maritimes en 1819" (Flaggen der wichtigsten Seemächte).

Der durchschnittliche Preis eines Buches wird durch seine Seltenheit und seinen Gegenstand bestimmt. Der Zustand des Einbands, das Vorhandensein von Abbildungen, der Zustand des Papiers, Wasserflecke, Risse usw. können den Preis jedoch stark nach oben oder nach unten schrauben.

Eine Seite aus dem Signalbuch von Greig Shields: Ausfahrt aus Torbay unter vollen Segeln. Die HMS IMPETUEUX war als französisches Schiff von den Engländern gekapert worden.

„Le Petit Flambeau de la mer" war eines der ersten Seehandbücher für die französische Küste.

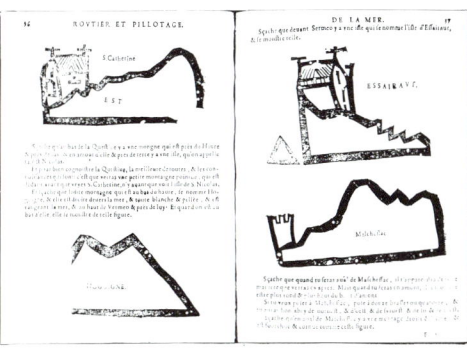

Der zukünftige Midshipman St. John war offensichtlich nicht nur ein guter Schüler, sondern auch ein begabter Aquarellist. Bis 1914 (Einführung der Fotografie) war in den Seefahrtschulen die Note für „Zeichnen" wichtig.

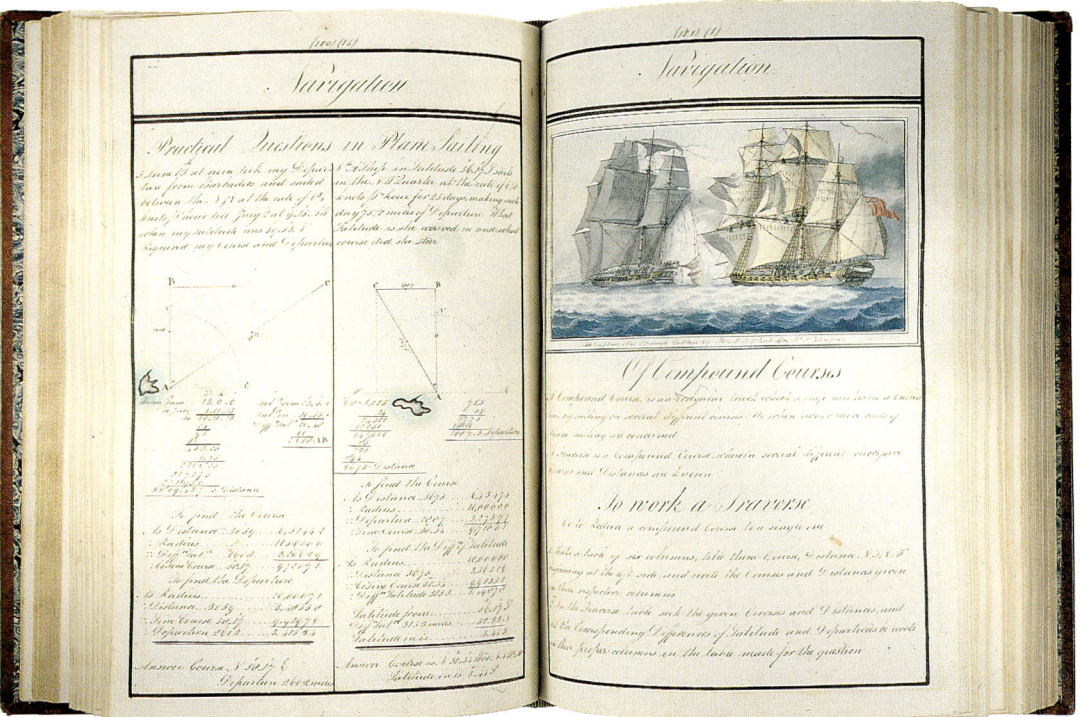

Wie der Matrose seine Fanny, Fanchon oder Friederike verließ, so verläßt er jetzt auch uns. Doch nur Mut. Die Welt der maritimen Dinge wird den nicht mehr loslassen, der sich einmal mit ihr beschäftigt hat. Wir haben hier versucht, alle Aspekte darzustellen, doch sicherlich keinen einzigen erschöpfend behandelt... Der Leser sollte weiter suchen, und zwar nach seinem eigenen Geschmack, aber auch auf eigenes Risiko. Es gilt noch vieles zu entdecken. Und die Dinge, die er finden wird, werden treue Begleiter seines Lebens sein. Sie sind voller Geschichte und Erinnerung. Welcher sentimentale Sammler könnte dem widerstehen? Willkommen also im Reich der Trödelmärkte und Antiquitätenläden, der Nachlaßversteigerungen und der Kataloge, die alles immer gleich als "selten" und "bedeutend" ankündigen. Dieses Porzellan "riecht" nach dem Abenteuer der Großen Fahrt? . . . Beginnen Sie selbst Ihr Abenteuer, und begeben Sie sich auf große Fahrt in die merkwürdige und wunderbare Welt der alten Seefahrt.

Die folgenden Seiten laden uns zu einem Schnelldurchgang durch eine kleine Galerie der maritimen Malerei ein.

MARINEMALEREI

An schönen Tagen saß der Porträtist der See, ausgerüstet mit Block und Anspitzer, auf einem vorgelagerten Felsen und zeichnete die Manöver der Schiffe, die auf der Reede von Marseille in Sicht kamen. Hundert Jahre später machte es der große Beken auf der Reede von Cowes mit seiner großformatigen Plattenkamera nicht viel anders und fotografierte die berühmten Yachten seiner Zeit.

GENRESZENEN

Die sechs Bilder auf diesen Seiten umreißen einige große Themen der Marinemalerei im letzten Jahrhundert der Segelschiffahrt, das mit dem Ersten Weltkrieg endete: Porträts in Admirals- oder Kapitänspose, Gemälde von Schlachten, Schiffbrüchen und Flottenparaden oder glorreich bestandener Abenteuer, in denen der Walfang immer wieder eine Rolle spielt. Schließlich, nicht weniger rührend, Darstellungen von einfachen Seeleuten, jedoch seltsamerweise niemals an Bord ihrer Schiffe; der maritime Naturalismus war noch nicht geboren.

Die Malerei ist noch klassisch, die Zeichnung vorherrschend. Der Impressionismus eines Boudin ist noch nicht geboren. Vielleicht zum Glück für uns, da wir um der Begegnung mit der Schiffahrtsgeschichte willen am anekdotischen Detail interessiert sind.

Bis zum Ersten Weltkrieg mußten sich die Großen der Marine von offiziellen Malern porträtieren lassen. Diesem Ritus entging auch der Prinz de la Joinville nicht. Doch als die Fotografie ihren Erfolgszug begann, ersetzten bald fotografische Porträts in kleineren und weniger aufwendig vergoldeten Rahmen diese Gemälde an den Wänden der Ministerien und der Schiffahrtsbüros in den Küstenstädten. ▼

Szenen vom Walfang auf einem Ölbild des „Musee des Salorges" in Nantes. Das Walfangschiff ist französisch - wie zum Zeichen dafür ist die Trikolore in einen bereits toten Wal gepflanzt. Das Bild ist sicherlich rührend und instruktiv wie auch die gleichzeitigen holländischen und deutschen Malereien, erreicht aber nicht die graphische Qualität der amerikanischen Maler, die die unumstrittenen Meister dieses Genres waren - wie ihre Seeleute die Meister des Walfangs. ▼

Mit dem Rücken zur Sonne sitzen sie auf der Kaimauer in Granville oder wo auch immer. Waren sie erst einmal „in Rente", blieb ihnen nur die Erinnerung, was offensichtlich auch der Maler V. Marboeuf (1914) verstanden hat.

Unsigniert, ca. 1860. Auf der Reede von Neapel feuert ein Toppsegel-schoner, ein Handels-schiff, Salut für eine vor Anker liegende Kriegs-flotte; die Gelegenheit ist zu schön, um nicht die riesigen Flaggen flattern zu lassen, und der Maler ergreift diese Gelegenheit. Ein anekdotisches Bild. Kritiker betrachten diese Bilder als Kunst von geringerem Wert, als „große Reportagen". Andere, Menschen mit Phantasie, erkennen darin das wahre Gesicht der Seefahrt.

Ein nostalgisches Bild eines unbekannten eng-lischen Malers. Das klei-ne Modell eines Fischer-boots ruft Erinnerung wach. Alles ist wahr, fehlerlos und ohne Über-steigerung erzählt. Der Maler muß mit den See-leuten und ihren Schif-fen vertraut gewesen sein. ▼

„Die Strandung" des englischen Malers Copley Fiel-ding, 1833. Wer das zerkrachen des Rumpfes auf den Felsen einmal gehört hatte, mochte wohl diese nachempfundene Darstellung schätzen. Solche Genreszenen waren in der Zeit der Segelschiffahrt nicht selten und durchaus realistisch.

KAPITÄNSBILDER

Hier haben Öl auf Leinwand oder Aquarell auf Papier eine starke technische Aussage, die sich auch in der Profilansicht des Fahrzeugs ausdrückt. Alles ist deutlich zu erkennen, besonders die Takelage, alles muß fehlerlos sein vor den Augen des Kapitäns, der schließlich der Auftraggeber des Malers ist. Kurs und gesetzte Segel passend zum Wetter und zum Manöver darzustellen gehört zum seemännischen Wissen des Künstlers.

Ein Dreimast-Handelsschiff bei steifer Brise vor dem Hafen von Marseille, gemalt von François Roux, 1840. Nicht selten findet man auf diesen Kapitänsbildern im Hintergrund dasselbe Schiff auf einem anderen Kurs zum Wind.

Manchmal gehen sie in Richtung Votivbild, manchmal in Richtung maritime Genreszene, immer aber sind diese Bilder wahre Schiffsporträts, bei denen das Schiff im Mittelpunkt steht, auch wenn es auf effektvoll dargestellter See oder vor einer Küstenlandschaft erscheint.

▲ Ein Dreimast-Handelsschiff am Ende einer Reise bei der Hafeneinfahrt, 1857 gemalt von Gamain. Wie viele seiner Kollegen war er mehr als ein halbes Jahrhundert verkannt und stand im Schatten der offiziellen Maler; doch heute schätzt man wieder den persönlichen Ausdruck seiner Kunst.

Di Simone, von dem diese „Schiffe auf der Reede von Neapel", 1862, stammen, war ein im Mittelmeerraum bekannter Maler. Er hatte das Glück, in der zweiten Hälfte des 19. Jahrhunderts die Schlüsselperiode der Umwandlung der Kriegsschiffe vom reinen Segler zum Dampfer mit Hilfsbesegelung mitzuerleben. So wurden die Werke Di Simones zugleich Dokumente der Zeit.

Eugene Grandin war ein anderer großer, ein wenig verkannter Künstler, obwohl er offizieller Marinemaler war, wie der Anker unter seiner Signatur zeigt. Heute wird ihm der Rang eines klassischen Schiffsporträtisten zuerkannt. Diese Schonerbark oder Barkentine für den Fischfang ist bezeichnend für seine Art. Wenn eine Reederei neue Schiffe in Dienst stellte, wurden gelegentlich auch die alten Schiffsporträts ausgemustert und neue aufgehängt. Die Frage ist, ob ähnliches wohl auch in den kommenden Jahrzehnten zu erwarten ist.

Paul Émile Pajot aus Les Sables-d'Olonne gilt als naiver Maler. Doch professionell wirkt auf jeden Fall das Gleichgewicht der Komposition, die Wiederaufnahme der japanischen Kunst der Meeresdarstellung und das technische Können, für das COSMOPOLITE aus Le Conquet ein Beispiel ist. Der Text macht deutlich, daß es sich um ein Votivbild handelt; doch von Pajot gibt es zahlreiche andere Schiffsbilder, die nicht in dieses Genre gehören.

Danksagung

Der Autor dankt für ihre Hilfe und Unterstützung:

P. Adam, J. N. Baras, F. Bauer, L. M. Bayle, P. Bellemare, Mme Bergeret, M. Bertrand, B. Brugidou, C. Bonnet, C. Boquin, J. Chauveau, Mme Desjardins, J. P. Dieutegard, Fondation Belem, Chr. Grosse, J. F. Hourrière, G. de Kerdrel, MM. Kugel, H. Lavoissière, H. de La Poype, H. Maheu, M. Malnati, G. Maurel, Fr. Marchand, J. Marchand, M. Martin, J. Y-B. Petitcollot, H. C. Randier, N. Raoul, M. Riddell, Roger Gain, B. Rubinstein, J. P. Ruellan, D. Samson, Dr. Soulaire, Chr. Stroobandt, J. Tantet, B. Thiébault.

Besonderen Dank schuldet der Autor Cdt. Jacques Schirmann, Neffe des Malers und Zeichners Henri Gervèse, für die freundliche Erlaubnis zum Abdruck der Postkarten seines Onkels aus dem Buch *Gervèse et la marine de son temps*, Ed. Cité, hrsg. von J. Randier und J. Schirmann.

Ebenso dem Fotografen Patrick Léger, der auf einer langen Rundreise durch Sammlungen und Museen die meisten Abbildungen dieses Buches fotografierte.

Ambiente auf See

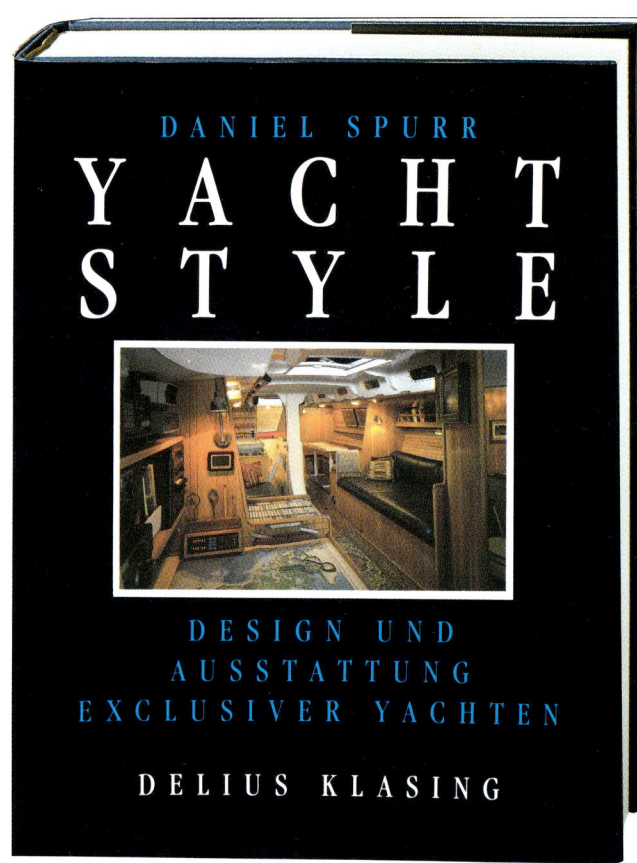

Eine Fülle praktischer und geschmackvoller Einrichtungsideen

Warum sollte man ausgerechnet an Bord auf Komfort und Stil verzichten? „Yacht Style" zeigt, daß jedes Boot eine exclusive Yacht sein kann. Mehr als 400 Farbfotos geben Gestaltungsbeispiele schöner Yachteinrichtungen, vom Familienkreuzer bis zum schwimmenden Palast.

Der Bildband „Yacht Style" ist ein Fest fürs Auge und gleichzeitig eine Fundgrube guter Ideen. Denn neben geschmackvollen Interieurs liefert der Autor konkrete Hilfen zur Gestaltung der eigenen Yacht.

Daniel Spurr
Yacht Style
Design und Ausstattung exclusiver Yachten
288 Seiten mit 418 Farbfotos und 38 Zeichn., Format 23,5 x 31,5 cm, gebunden
ISBN 3-7688-0765-7

Erhältlich im Buchhandel

Delius Klasing
Verlag